Ursula Richard

STILLE IN DER STADT

Ursula Richard

STILLE IN DER STADT

Ein City-Guide
für kurze Auszeiten
und überraschende
Begegnungen

Kösel

The mark of responsible forestry
FSC
www.fsc.org
FSC® C017859

Verlagsgruppe Random House FSC-DEU-0100
Das für dieses Buch verwendete FSC®-zertifizierte Papier
EOS liefert Salzer Papier, St. Pölten, Austria.

Umschlag: Elisabeth Petersen, München
Umschlagmotiv: mauritius images/0001815–imagebroker
Druck und Bindung: CPI Moravia Books s.r.o., Pohorelice
Printed in Czech Republic
ISBN 978-3-466-37002-3

www.koesel.de

INHALT

EINFÜHRUNG: STILLE IN DER STADT

BEWUSSTHEIT VERSUS BUSINESS

Kulturelle Vielfalt, Kreativität und Freiheit sind Schlagworte, die wohl den meisten spontan einfielen, fragte man sie nach positiven Assoziationen zu einem Leben in der Stadt. Dagegen käme es vermutlich den wenigsten in den Sinn, die Großstadt mit Stille in Verbindung zu bringen und als den für ein spirituelles, meditatives Leben bestens geeigneten Ort zu halten. Dabei ist genau dies der Fall. Das mag jene Menschen erstaunen, die meinen, ein solches Leben sei an Bedingungen gebunden, die in der Stadt kaum anzutreffen sind – an Geräuscharmut, Natur und Abgeschiedenheit zum Beispiel. Sie reisen möglicherweise durch die halbe Republik in ein ländlich gelegenes, spirituelles Zentrum, um mithilfe eines Yoga- oder Meditationskurses wieder aufzutanken und so gestärkt in die Stadt zurückzukehren. Damit verhalten sie sich wie Menschen an Landesgrenzen, die oft viele Kilometer fahren, um jenseits der Grenze billiger zu tanken. Sind sie dann zurück am Heimatort, ist der Tank schon wieder halb leer und der Nachmittag vorbei.

Viele Jahre lang habe ich ähnlich gedacht und gehandelt. Spätestens eine halbe Woche vor Beginn des Meditationskurses im ländlich gelegenen Zentrum wurde mein Leben sehr hektisch, da ich tausend Dinge zu bedenken und erledigen hatte, bevor es zur Entspannung aufs Land ging. Vollkommen erschöpft bestieg ich in letzter Minute den Zug und atmete auf. Nun konnte das meditative, achtsame, bewusste, verlangsamte Leben losgehen. Nach einer Woche des meditativen, achtsamen, bewussten, verlangsamten Lebens ging es zurück in die

Stadt. Schon im Zug, nein, wenn ich ehrlich bin, schon am Abend vor Kursende, kreisten meine Gedanken zunehmend wieder um das, was ich als Nächstes zu bedenken und zu erledigen hatte. Und zurück in der Stadt musste ich genauso viel in kürzester Zeit abarbeiten, weil ich mir diese Meditationswoche gegönnt hatte, wie ich zuvor erledigen musste, um sie mir überhaupt leisten zu können. Und wie aus einem Luftballon begann die durch viele Stunden des Sitzens gewonnene Energie langsam, aber sicher zu entweichen ... und ich blickte schon wieder in den Kalender, wann ich mir die nächste Woche »freischaufeln« konnte, um wieder dieses Konzentrat eines meditativen, achtsamen, bewussten, verlangsamten Lebens in mich aufzunehmen. Ähnlich wie eine Süchtige, die sich, kaum lässt die Wirkung der Droge etwas nach, schon mit dem Nachschub beschäftigt.

Da traf ich zufällig einen Bekannten auf der Straße, der meist sehr angespannt und wie unter Strom wirkte. Er hatte einen anstrengenden Job, versuchte dem Stress aber durch Yoga- und Meditationskurse entgegenzuwirken. Diesmal wirkte er heiter und gelassen. Auf meine Frage, ob er einen anderen Chef oder Job habe, verneinte er. »Ich habe meine Kurse aufgegeben und lebe einfach nur noch. Du glaubst nicht, wie wohltuend und entspannend das ist«, sagte er.

Dieses Gespräch brachte mich weiter ins Grübeln, und ich begann mich ernsthafter als zuvor mit der Stadt – und da ich in Berlin lebe, ist es die Großstadt – als Ort der Stille, spirituellen Praxis und Erfahrung zu beschäftigen. Ich verstand zunehmend, dass die Stadt nicht als solche der Energie, Gelassenheit, Balance, meditative Ruhe verzehrende Vampir ist, für den ich sie bislang gehalten habe, und der ich, sooft es ging, zu entfliehen suchte, um Energie, Gelassenheit, Balance, meditative Ruhe zu akkumulieren, die mich zumindest eine Zeit lang wieder tragen. Dies war lediglich *meine* Sicht, die ich jedoch durch *meine* Wahrnehmung und *mein* Handeln immer wieder bestätigte. Ich begriff aber auch, dass nicht nur die Unterteilung: hier Stadt (laut, hektisch, zerstreuend, Energie entziehend) dort Land (ruhig, meditativ, fokussierend, Energie spendend) der Knackpunkt ist, sondern dass das eigentliche Problem tiefer liegt.

Solange ich spezielle Zeiten und Orte für Stille und spirituelle Praxis, für Meditation oder Entspannung »reserviere«, um mich frisch, wach und gelassen den weiteren 16 Stunden des Tages widmen zu können, so lange besteht die Gefahr, dass Spiritualität kein integraler Bestandteil meines Lebens ist, sondern lediglich Teil meines Terminkalenders, in dem ich eben auch noch die halbe Stunde Meditation am Morgen oder Abend, die Yogastunde, die Meditationsgruppe einmal in der Woche oder den Vortrag am Wochenende unterbringe. So wird Spiritualität unweigerlich zu einer unter anderen Selbstoptimierungsstrategien. Wie es aussieht, wenn Spiritualität zu einer Stütze gesellschaftlich geforderter persönlicher Optimierungen wird, kann man gut an den Ankündigungen für Zen-Leadership-Seminare sehen, den Anzeigen für manche Yogakurse oder den Werbekarten von Personal Meditation Coachs, auf denen angeboten wird, dass der Coach vor dem Meeting ins Büro kommt, um mit dem Klienten zu meditieren, damit der klarer und gelassener in die Besprechung gehen oder auch Leute entlassen kann. Das mögen vielleicht Extreme sein, doch in abgemilderten Formen ist diese Haltung weitverbreitet. Sie führt zum Beispiel auch dazu, dass Mitarbeiter in spirituellen Zentren oder sogar dort Lehrende an Burnout leiden, obwohl sie propagieren, dass Meditation und Achtsamkeit für ein gelassenes, glückliches Leben so wesentlich seien.

DER STILLE IST ES EGAL, WO DU SIE ERFÄHRST

In diesem Buch wird vorgeschlagen, die Unterteilung: hier mein Meditationskissen für die spirituelle Übung, da der Alltag, in dem ich meinem ganz normalen Leben nachgehe und mich durch die Übung besser fühlen will oder in den ich »Spirituelles« zu integrieren suche, aufzugeben. Der ganze Alltag, das gesamte Leben kann vollkommen unterschiedslos spirituelles Praxisfeld sein. Das mag vielleicht anstrengend und nach viel zu hohen Ansprüchen klingen. In Wahrheit ist ein solch vermeintlicher Verzicht entspannend und entlastend und erlöst uns von zu hohen Ansprüchen an uns selbst. Auf diese Weise verändert sich unsere Sicht auf uns und unser Tun, aber auch auf die Stadt und die Mitmenschen grundlegend. Das bedeutet nicht, darauf zu verzichten, in einem Meditationszentrum zu meditieren, Tai-Chi oder Yoga zu üben, Gottesdienste zu besuchen oder Ähnliches. Es soll lediglich darauf aufmerksam gemacht werden, dass achtsam über die Straße zu gehen oder einem anderen Menschen die Tür aufzuhalten durchaus mit Spiritualität zu tun hat. Das heißt auch nicht, dass Meditationsretreats in ländlichen Zentren, Exerzitien oder Entspannungsurlaube, ein Rückzug ins Kloster, ein Wellness-Wochenende oder jahrelange Aufenthalte in japanischen Zenklöstern keinen besonderen Wert hätten. Natürlich haben sie den. Sie ermöglichen Erfahrungen in einer Tiefe, die so wohl (fast) nur in Perioden des Rückzugs möglich sind und manchmal die Ausrichtung eines ganzen Lebens verändern können. Doch auch eine Begegnung in der U-Bahn kann tief greifende Auswirkungen haben.

»Stille in der Stadt« zu suchen, beinhaltet in der Konsequenz eine Haltung, in der solche Unterscheidungen mehr und mehr bedeutungslos werden. Getragen ist diese Haltung von Achtsamkeit, Offenheit, Anteilnahme/Mitgefühl sowie einer Ausrichtung auf Verbundenheit (siehe S. 85ff.). Und als Haltung kann sie überall, jederzeit und in jeder Aktivität präsent sein.

Solange ich die Stadt – wie es oft in spirituellen Zusammenhängen geschieht – als vorwiegend durchsetzt von nachweislich krank machenden Faktoren wie Lärm, Stress, Geschäftigkeit und Hektik begreife, als Moloch, in dem man als spirituell Praktizierender und Suchende immer wieder unterzugehen droht, mache ich die Stadt zu einem Kampfplatz und Kriegsschauplatz. Ich trenne mich ab von ihr, suche mich darin als heile Insel zu behaupten, errichte um mich Mauern in Form von Entspannungs- und sonstigen Techniken, um so gegen die Flut städtischen Unrats gewappnet zu sein. Ein letztlich vergeblicher Versuch, denn wir sind keine abgetrennten, isolierten Inseln, die für sich allein »Rettungspakete schnüren« könnten.

Es scheint vielleicht auf den ersten Blick eine absurde Idee, die Perspektive der Getrenntheit und Distanzierung aufzugeben, umfasst die Stadt doch genügend Aspekte, die man als hässlich, unangenehm und vermeidenswert zu erachten gar nicht umhin –

kann. Ich denke hier an heruntergekommene Gebäude, öde Gegenden oder aufdringliche, randalierende Menschen. Auf den zweiten Blick kann man sehen, dass es auf lange Sicht anstrengender ist, sich immer wieder von Hässlichem, Unangenehmem abzuwenden und auf der Autonomie seines Insel-Ichs zu bestehen, das man immer mehr verbessern, veredeln und zur Trutzburg ausbauen will.

Vor allem in süd- und nordamerikanischen Ländern gibt es Stadtviertel, in denen sich diejenigen, die es sich leisten können, durch Mauern und Tore von der übrigen Stadt abgrenzen, um in Sicherheit und Abgeschiedenheit zu leben (»gated communities«). Oft sind selbst ihre Villen noch von Mauern umgeben, die so hoch sind, dass sie den Bewohnern den Blick nach draußen versperren. Das Gefühl potenzieller Bedrohung wird aber selbst durch die ausgeklügeltsten Überwachungssysteme nicht verschwinden, verweisen diese doch stets auf das, was sie verhindern sollen.

Nichts anderes gilt für unsere individuellen Versuche, das eigene Ich als Sicherheitszone auszupolstern. Wir leugnen damit die Tatsache, dass wir mit allem in der Stadt verbunden sind: mit den Plattenbauten in Berlin-Marzahn, wenn wir selbst in einer Villa im Grunewald wohnen, mit dem Bettler in der U-Bahn, während wir nur im Auto durch die Stadt fahren. Dass wir diese Verbindung in ihrer Wirkung meist gar nicht oder kaum spüren, bedeutet nicht, dass sie nicht existiert.

Be Berlin oder *I Am*sterdam – diese Slogans, erdacht von den Marketing- und Tourismusabteilungen jener Städte, bringen genau das (vermutlich unbeabsichtigt) zum Ausdruck, um was es bei einer urbanen Spiritualität geht, nämlich mitten im Leben, mitten in der Stadt verortet zu sein.

Sich von dem Gedanken zu verabschieden, dass man sich gegen die Stadt abgrenzen müsse, um gut in ihr zu leben, bedeutet nicht, sich ihr wehrlos zu ergeben, sich in ihr aufzulösen und von ihren Reizen überfluten zu lassen. Es bedeutet, Werkzeuge zu kennen und sie geschickt zu handhaben, Werkzeuge, die uns darin unterstützen, wach, lebendig und freudvoll in der Stadt zu leben. Sie machen uns Mut, unserem »Wunsch nach Verbundenheit nachzugehen«, wie die buddhistische Lehrerin Sylvia Kolk sagt, »und zu erkennen, dass diese Verbundenheit alles Menschsein einschließt, was wir in der Stadt erleben. Daraus kann sich eine ganz neue Liebe zum Leben entwickeln«. Es bedeutet auch, um Orte in der Stadt zu wissen, die uns inspirieren und stärken. Wenn man sich ernsthaft auf die Suche macht, wird man erfahren können, dass es sehr viel mehr und auch ganz andere sind, als wir gemeinhin denken, wenn wir uns meditative oder sonstige ›Kraftorte‹ vorstellen. Und es bedeutet, die vielen Menschen in der Stadt wertzuschätzen, die uns stärken – tagein, tagaus. Das ist nicht nur der spirituelle Lehrer, der eine Meditation anleitet oder einen Vortrag hält, sondern genauso die Frau, die uns Brötchen verkauft, der Zeitungsausträger, die Busfahrerin.

INNERE RÄUME – ÄUSSERE RÄUME – GÄRTEN

Dieses neue Verständnis in seinen vielfältigen Facetten soll hier beschrieben werden. Im ersten Kapitel des Buches geht es mir darum, ausführlich zu zeigen, dass urbane Spiritualität sich vor allem in der bereits angesprochenen Haltung von Achtsamkeit, Offenheit, Anteilnahme und Verbundenheit ausdrückt und dass sie mit traditionellen spirituellen oder religiösen Kontexten verbunden werden kann, aber nicht notwendigerweise muss. Im zweiten und dritten Kapitel wird die Achtsamkeit als ein entscheidendes Werkzeug spiritueller Stadtpraxis näher betrachtet, aber es wird auch beleuchtet, warum wir uns damit oft so schwer tun. Achtsamkeit ist die Voraussetzung dafür, dass wir wach und mit offenen Sinnen den städtischen Raum und uns selbst darin wahrnehmen, erforschen und neu entdecken können. Um Stadtentdeckungen dieser Art geht es in einem weiteren Kapitel. Dass Stille und meditatives Erleben an unzähligen Orten und zu fast allen Zeiten möglich sind, wenn man ein paar Kleinigkeiten dabei beachtet, ist Thema des darauffolgenden Kapitels. Zwei dieser möglichen Orte ist ein eigenes Kapitel gewidmet: sakrale Räume und Gärten. Schließlich geht es um die Sichtbarkeit des Leidens in der Stadt und darum, wie wir damit umgehen können.

Mit verschiedenen Menschen, die in der einen oder anderen Form mit spiritueller Stadtpraxis zu tun haben, führe ich im zweiten Teil des Buches Gespräche über ihre Arbeit und ihre Sichtweisen. Mit diesen Gesprächssequenzen wird klar, dass spirituelle Stadtpraxis das Projekt vieler verschiedener, ganz unterschiedlicher Stimmen ist. Diese Vielfalt macht das Projekt so kostbar und zukunftsweisend. Einige Menschen habe ich deshalb auch um kleinere Übungen oder Meditationen für dieses Buch gebeten. Probieren Sie sie aus! Für längere Aufenthalte in der Wüste oder Wildnis gibt es ›survival kits‹, in die all das hineingehört, was zum Überleben in diesen Gegenden notwendig ist. Was würden sie in ein ›survival kit‹ für die Großstadt packen?, habe ich einige meiner Gesprächspartnerinnen und -partner gefragt? Die Antworten sind überraschend. Ebenso wie es Kunstaktionen sind, die immer wieder einen inspirierenden Zugang zu der jeweiligen Thematik eröffnen. Am Ende des Buches habe ich eine Vision ›meiner achtsamen Stadt‹ entworfen und lade Sie ein, Ihre eigene Vision zu entwickeln.

Mit diesem Buch möchte ich vor allem eines: Ihre Neugierde und Experimentierlust wecken. Für mich selbst war und ist die Beschäftigung mit dem Thema ein einziger großer Selbstversuch, die Haltung von Achtsamkeit, Offenheit, Anteilnahme und Verbundenheit immer mehr in meine Sicht von Stadt einfließen und wirksam werden zu lassen. Dabei sind mir zwei Dinge deutlich geworden: Erstens ist ein solcher Ansatz, auch wenn er wundervolle neue Erfahrungen erschließt, ein Übungsweg – und ein Scheitern ist immer mit eingeschlossen: Es erscheint mir ein wichtiger Teil dieses Weges zu sein, sich mit der Kunst des Scheiterns vertraut zu machen; zu akzeptieren, sich immer wieder als unachtsam, genervt, hektisch und aggressiv zu erleben. Zweitens kommt mir in diesem Zusammenhang stets das Bild von uns allen als Kerzen in den Sinn. Manchmal brennen wir, weil wir uns an anderen Flammen entzünden konnten. Dann sollten wir unser Licht nicht vor anderen zu verbergen suchen aus Angst, es würde im Kontakt vielleicht erlöschen oder uns weggenommen. Wenn wir uns zur Verfügung halten, damit sich andere an uns entzünden und dann ihrerseits das Licht weitertragen können, wird das Lichtermeer in unseren Städten immer größer, aber es ist keines, das Energie frisst, sondern eines, das Energie schafft. An wie vielen Orten mittlerweile schon Kerzen brennen, gerade an zunächst vollkommen unerwarteten, habe ich in den letzten Monaten immer wieder erfahren, und für diese Erfahrung bin ich zutiefst dankbar. Wenn ich etwas davon durch dieses Buch weitergeben kann, hat es seinen Zweck erfüllt.

»Jede Stadt ist ein Seelenzustand,
und kaum hat man sie betreten,
so teilt sich dieser Zustand mit und geht in uns über;
er ist wie ein Fluidum, das sich einimpft
und das man mit der Luft in sich einsaugt.«[1]

Georges Rodenbach

STADTLUST – STADTFRUST

TEIL 1

MERKMALE EINER URBANEN SPIRITUALITÄT

Seit jeher sind Städte Orte des Handels, des Wandels, der Sehnsüchte und der Auseinandersetzung mit anderen Lebensstilen, Meinungen und anderen Biografien gewesen. Mittlerweile leben weltweit mehr als die Hälfte aller Menschen in Städten. 1900 waren es erst 10 Prozent. In Deutschland sind es bereits 71 Prozent. Mit weiter steigender Tendenz. Neben der *Landlust*, so der Titel einer sehr erfolgreichen Zeitschrift für das Landleben, gibt es in den letzten Jahren verstärkt eine neue Stadtlust, eine neue Sehnsucht nach dem Urbanen. Doch wie Gerhard Matzig in einem Essay schreibt, »beklagt sich eben jene Gesellschaft, die diese Sehnsüchte hegt, nur allzu oft über ihre Folgen und klagt gerne vor Gericht über die Zumutungen urbaner Lebensweise. Über die Zumutungen auch der Nähe, der Heterogenität und des Andersseins«[2].

Neben der Stadtlust gibt es eben auch den ›Stadtfrust‹, der äußerlich in Form schrumpfender Städte, verödender innenstädtischer Bereiche oder maroder öffentlicher Gebäude, Armut, Obdachlosigkeit und Gewalt sichtbar wird und innerlich als Leiden unter Lärm, Hektik, Stress und Einsamkeit. Städte sind ein Spiegel der Gesellschaft und ein Schlüssel zum Verständnis unseres Zusammenlebens. Wie wir im städtischen Raum mit den oben genannten Problemen umgehen, mit sozialen, demografischen, ökologischen Fragen, mit kulturellen, religiösen Unterschieden, das ist für die Gegenwart und Zukunft unserer Gesellschaft von Bedeutung. Unser Denken und Handeln wird dabei ganz wesentlich von unseren Einstellungen, Haltungen und Werten geprägt. Traditionell war dies ein wichtiges Feld von Religionen, doch im Zuge von Säkularisierung und Individualisierung haben Religionen diese prägende Rolle längst verloren und zerfallen in »all das, was in der Kirche zusammengebunden war; Riten, Lebensführung, Kollektividentität, Moral, subjektiver Glaube. Diese Komponenten verselbständigen sich und werden teilweise unabhängig voneinander organisiert, nachgefragt und individuell neu kombiniert«, so der Soziologe Ulrich Beck.[3]

Großstädte sind ideale Orte für solche Neukombinationen, nicht zuletzt, da im Zuge der Globalisierung mittlerweile fast alle religiösen oder spirituellen Traditionen dort in der einen oder anderen Form anzutreffen und in Augenschein zu nehmen sind. Sie sind es aber auch insofern, als sich immer mehr Großstädter von den üblichen urbanen Glücksversprechen und -strategien enttäuscht abwenden und als Suchende oder spirituelle Wanderer abseits davon unterwegs sind. Das städtische Leben bringt die Kehrseiten von Freiheit und Individualisierung so auf den Punkt, dass es solche Suchbewegungen durch die eigenen Bedingungen unausgesetzt nährt. Den auf diese Weise Suchenden geht es vielfach darum, für sich neue verbindliche Haltungen und Werte zu finden und einzuüben, um neue Orientierungen zu gewinnen. Religiös oder spirituell sein, setzt mittlerweile längst nicht mehr »die Zugehörigkeit oder Nicht-Zugehörigkeit zu einer bestimmten Gruppe oder Organisation voraus; es bezeichnet vielmehr eine bestimmte Einstellung zu den existenziellen Fragen des Menschen«[4].

Urbane Spiritualität ist also in sehr starkem Maße individualisiert, weil sie zuallererst eine individuelle Einstellung bezeichnet. Sie ist als eine rein säkulare Spiritualität vorstellbar und lebbar, das heißt, urbane Spiritualität vermag auch ohne Anbindung an religiöse Traditionen Wirkung zu entfalten. Sie lässt sich aber auch im Kontext spezifischer religiöser oder spiritueller Formen als ›Haltung‹ beschreiben. Spirituelles Erleben bzw. dessen Deutung sind zunehmend im Individuum selbst verortet und bilden die Grundlage einer Lebenshaltung, die immer und überall ausgedrückt und kultiviert werden kann. Dazu sind nicht notwendigerweise besondere Orte oder Gemeinschaften nötig. Ganz allgemein lässt sich spirituelles Erleben als eine Haltung von Achtsamkeit, Offenheit, Anteilnahme/Mitgefühl und Verbundenheit kennzeichnen. Eingeübt werden kann diese Haltung in den traditionellen spirituellen Wegen wie auch in vollkommen säkularen. Sie wird sich von daher auch in sehr verschiedenen Sprachen und Ausdrucksformen artikulieren, was mit der großen Vielfalt von Meinungen, Kulturen und religiösen Traditionen korrespondiert, die in einer Stadt zu Hause sind. In dieser Vielfalt braucht urbane Spiritualität aber auch eine sehr klare Ausrichtung, um nicht trivial oder beliebig zu werden. Durch ihre Sprachen- und Methodenvielfalt ist sie anschlussfähig an andere gesellschaftliche Diskurse, und das macht sie so wichtig für die heutige Zeit. In diesem Zusammenhang erhebt sich die Frage, inwieweit die Religionen in ihren traditionellen Ausrichtungen diese Anschlussfähigkeit nicht zunehmend verlieren. Und damit meine ich nicht nur die christliche, wo das sehr offensichtlich geworden ist, sondern auch zum Beispiel die buddhistische, die seit ein paar Jahrzehnten bestrebt ist, sich hier im Westen zu verwurzeln, und dabei immer wieder auf traditionellen, asiatischen Formen beharrt. Wenn der Reiz des Exotischen sich verbraucht hat, was tritt dann an dessen Stelle?

Um es einfach zu sagen: Mehr Achtsamkeit, Offenheit, Anteilnahme/Mitgefühl und Ausrichtung auf Verbundenheit tun uns als Individuen gut, und es tut auch der Gesellschaft als Ganzer gut, wenn Entwicklungen in allen Bereichen stärker von diesen Haltungen geprägt werden. So können entscheidende Voraussetzungen dafür geschaffen werden, in einer immer komplexer werdenden Welt mit wachen Sinnen friedvoll, gelassen und verantwortungsbewusst zu leben und zu Entscheidungen zu gelangen, die über den Tellerrand des eigenen Egos hinausgehen.

Eine urbane Spiritualität befördert die individuelle und gemeinschaftliche Entwicklung, denn:

- *Achtsamkeit* bedeutet nicht-wertende Wahrnehmung dessen, was im gegenwärtigen Moment geschieht, in mir und außerhalb von mir. Nur wenn ich achtsam bin, weiß ich wirklich, wie es um mich, aber auch, wie es um mein Umfeld bestellt ist.
- *Offenheit* bedeutet vorbehaltlose Begegnung mit dem Anderen; der Zenmeister Shunryu Suzuki hat dafür den Begriff »*Anfänger-Geist*«[5] geprägt; Bernard Glassman Roshi spricht von Nicht-Wissen. Gemeint ist damit weder ein voyeuristischer noch ein naiv-dummer Geist, sondern einer, der sich von Wertungen und Vergleichen frei machen kann. Es ist ein Geist, der nicht immer schon alles weiß, kennt und überall schon gewesen ist, sondern der spiegelt, was vor ihm erscheint, statt es nach einem schnellen Blick sofort einzuordnen oder abzutun. »Der Geist des Anfängers ist der Geist des Mitgefühls«, so Meister Suzuki.
- *Anteilnahme/Mitgefühl* bezeichnet eine Haltung, die sich kümmert, Anteil nimmt, Sorge trägt und nach Wegen und Möglichkeiten der Linderung von Leid sucht. Es ist eine Haltung, die uns den Blick nicht vorschnell abwenden lässt und uns vom Leidvollen in uns und außerhalb von uns abtrennt und distanziert.
- Die Dimension *Verbundenheit* wird uns gegenwärtig, wenn wir nichts ausgrenzen und ausschließen und uns auf das ausrichten, was allem Leben zugrunde liegt. Wir realisieren dann die Einheit des Lebens.

Die Tiefenökologin Joanna Macy spricht davon, dass wir »offene, lebende Systeme sind, wie alles Leben auf der Erde, und als solche durchfließen uns Ströme von Materie, Energie und Information, die uns am Leben halten. Das geschieht in einer Welt, die wir alle miteinander teilen (...) In diesem ungeheuer dichten Beziehungsgeflecht, das all unsere Lebensaktivitäten ermöglicht, kann ich nirgends klare Trennungen erkennen. Wenn ich jetzt einatme, ist die Luft dann Teil von mir oder von dem Baum dort, dessen Blätter gerade den Sauerstoff, den ich benötige, abgegeben haben, oder gehört sie zu dem Hochdruckgebiet, das uns diesen herrlichen Sonnenschein schenkt?«[6]

Ob ich nun aber zum Beispiel Achtsamkeit in einem buddhistischen Zentrum lerne und übe oder im säkularen Rahmen eines MBSR-Kurses (Achtsamkeitsbasierter Stressreduktionskurs), ob ich Mitgefühl einübe, indem ich mir die christliche Vorstellung der Gottähnlichkeit des Menschen vergegenwärtige und praktiziere oder im Rahmen der Forschungen von Prof. Dr. Tanja Singer (www.cbs.mpg.de/staff/singer-11258) an Mitgefühlstrainingsgruppen teilnehme, ist für eine urbane Spiritualität unerheblich. Erheblich dagegen ist, ob und wie ich Achtsamkeit und Mitgefühl in meinem Alltag nachhaltig ausdrücke.

Der Drang zu einer immer stärkeren Individualisierung trägt im Begleitgepäck auch die Sehnsucht nach Gemeinschaft, den Wunsch, sich einem Wir zu öffnen und zu neuen verbindlichen Gemeinschaftsformen zu finden. Und in diesem Bereich finden meines Erachtens gegenwärtig die faszinierendsten Experimente statt. Sie führen zu (Re-)Vitalisierungen traditioneller Orte religiöser Praxis, zum Aufbau neuer spiritueller Zentren oftmals aus den buddhistischen Traditionen, aber auch zu ganz anderen Gemeinschaftsbildungen. Diese haben vordergründig überhaupt nichts Spirituelles, können aber wunderbare Felder spiritueller Erfahrung sein, weil sie die oben genannte Haltung von Achtsamkeit, Offenheit, Anteilnahme/Mitgefühl und Verbundenheit in gewisser Weise voraussetzen und gleichzeitig fördern und stärken.

Davon später, beginnen wir nun am Anfang – bei der Achtsamkeit.

ACHTSAMKEIT – LEICHTER GESAGT ALS GETAN

In der U-Bahn sitzt mir gegenüber eine Frau, daneben ein vielleicht zwei Jahre altes Kind, vermutlich ihre Tochter. Die Frau schreibt eine SMS, dann klingelt ein weiteres Handy in ihrer Tasche. Sie nimmt den Anruf entgegen und klemmt sich das Handy zwischen Ohr und Schulter, um mit dem Anrufer zu sprechen, während sie weiter ihre SMS schreibt. Das Kind beginnt zu weinen und mit den Beinen zu strampeln. Sie gibt ihm schließlich das eine Handy, telefoniert jedoch weiter. Das Kind strampelt voller Freude mit den Beinen, drückt das Handy ans Ohr und imitiert einen jungen Mann, der neben mir sitzt und gerade gestenreich telefoniert. Von einem ähnlichen Erlebnis (nur ohne Kind) berichtete Prof. Dr. Harald Walach auf dem Kongress *Meditation & Wissenschaft* Ende November 2010; der Anblick einer Frau in der U-Bahn am Morgen, die mit zwei Handys gleichzeitig hantierte, hatte ihn so schockiert, wie er zugab, dass er seinem Plädoyer für eine Kultur der Achtsamkeit eine noch größere Dringlichkeit gab. Diese Frau spiegelte für ihn den Zustand einer Gesellschaft, die in ihrer Zerstreutheit kaum mehr weiß, was sie tut, und immer größere Aufmerksamkeitsdefizite entwickelt. Nur eine Kultur der Achtsamkeit könne uns, so sein leidenschaftlicher Aufruf, dazu verhelfen, dem ganzen Irrsinn des modernen Lebens etwas entgegenzusetzen. Und nur so hätten wir überhaupt noch eine Zukunft.

Über die Kraft und das Wunder der Achtsamkeit sind in den letzten Jahren eine Menge Bücher geschrieben worden, die in oftmals sehr praktischer Weise beschreiben, wie man Achtsamkeit lernen und am besten üben kann.[7] In Zeitschriften sind Entspannung und Meditation mittlerweile zu beliebten Themen avanciert. Welch heilsame Wirkungen die Achtsamkeitspraxis hat und wie sehr sie den modernen Zivilisationsleiden Stress,

Aufmerksamkeitsstörung, Burnout und sogar Depression entgegenwirken kann, wurde auf dem oben erwähnten Kongress und in zahlreichen Publikationen eindrucksvoll dokumentiert. Trotz aller Popularisierungen sind wir aber von einer Kultur der Achtsamkeit noch meilenweit entfernt. Die Gründe dafür sind mannigfaltig. Es sind bereits viele kluge Worte über die fundamentale Bedeutung einer achtsamen Lebenshaltung für Individuum und Gesellschaft gesagt worden und auch darüber, was sich in den Bereichen von Bildung und Erziehung, Psychotherapie und Medizin, Politik und Wirtschaft alles ändern muss, damit sich unsere Gesellschaft mehr in diese Richtung bewegen kann. Doch auch das sind zunächst einmal nur Worte, Worte, bei denen fast jede und jeder zustimmend nicken wird – ja, eine Kultur der Achtsamkeit, das wäre etwas Fantastisches (zu der Vision einer ›achtsamen Stadt‹ siehe auch S. 148ff.). Sie machen Appetit darauf, von diesem sicher so wunderbar schmeckenden Kuchen namens Achtsamkeit zu kosten. Doch sie sind noch nicht der Kuchen, im besten Fall sind sie das Rezept, auch wenn wir manchmal vielleicht meinen, die vielen Redeweisen über Achtsamkeit seien bereits Achtsamkeit, oder hoffen, im zigsten Buch zum Thema endlich die magischen Worte zu lesen, die uns direkt in die Achtsamkeit hineinkatapultierten und dort unabgelenkt verweilen ließen, ohne dass uns dies noch irgendwelche Bemühung kosten würde.

Achtsamkeit ist:

- das klare, unabgelenkte Beobachten dessen, was im Augenblick der jeweils gegenwärtigen Erfahrung (einer äußeren oder inneren) wirklich vor sich geht. Es ist die unmittelbare Anschauung der eigenen körperlichen und geistigen Daseinsvorgänge, soweit sie in den Spiegel unserer Aufmerksamkeit fallen Nyanaponika Mahathera;
- nicht wertendes Gewahrsein des gegenwärtigen Moments John Kabat-Zinn;

- wahrzunehmen, was jetzt geschieht, und sich daran zu erinnern, was heilsam ist (für sich und andere). Das impliziert Selbstbeobachtung, beobachtende Bewusstheit und eine anteilnehmende Aufmerksamkeit   Sylvia Wetzel;
- der natürliche Zustand unseres Geistes, so wie er ist, bevor wir ihn mit Inhalten füllen   Prof. Dr. Harald Walach.

Versuchen Sie einmal, einen Apfel mit einem Messer zu schälen und dabei ganz aufmerksam zu sein. Ganz bewusst wahrzunehmen, wie sich der Apfel in Ihrer Hand anfühlt, wie der Messergriff sich anfühlt, der Druck, wenn Sie den Apfel durchschneiden, wahrzunehmen, wie Ihre Aufmerksamkeit abschweift und Sie sie wieder zu diesem Prozess zurückbringen. Mit der Aufmerksamkeit dabei zu sein, wie Sie mit dem Messer die Schale ablösen, die Hälfte noch einmal durchschneiden, das Gehäuse herausschneiden – und sich dann schließlich ein Stück Apfel in den Mund stecken und es langsam und bewusst essen ...

Für Marlene (siehe Interview auf S. 137ff.) war es eine unglaubliche Erfahrung, zu so etwas auf den ersten Blick simpel Scheinendem, wie auf diese Weise einen Apfel zu schälen und zu essen, nicht in der Lage zu sein. Ebenso wenig leicht fiel es ihr, sich achtsam die Schuhe anzuziehen, eine weitere Möglichkeit, die sie im Rahmen der *Buddhistischen Stadtpraxis* erhielt, um zu erfahren, dass nichts weniger selbstverständlich ist, als mit dem Geist genau bei dem zu sein, was man gerade tut. In MBSR-Kursen werden die Teilnehmenden bei der ersten Sitzung aufgefordert, achtsam eine Rosine zu essen, was bei den meisten zu der Erfahrung führt, immer nur für kurze Momente bei diesem Vorgang bleiben zu können, aber dass in diesen kurzen Momenten eine vollkommen neue Qualität des Erlebens aufscheint. Zum ersten Mal im Leben, so der Eindruck, hat man wirklich geschmeckt, wie solch ein kleines schrumpliges Ding schmeckt oder sich im Mund anfühlt, das man zuvor sicher schon Hunderte Male in Kuchen oder Müsli gegessen hat. Wow! Manchmal heißt es in Anleitungen zu dieser Übung auch, wenn man achtsam eine Rosine esse, könne man darin das ganze Universum erfahren. In diesem Bild schwingt mit, dass Achtsamkeit eine Tiefendimension hat, die sie zum Eingangstor für transzendente Erfahrungen machen kann. Kein Wunder, dass Achtsamkeit in allen spirituellen Traditionen eine so wichtige Rolle spielt; im Buddhismus ist sie sogar als ein Übungsweg beschrieben, der, konsequent beschritten, zur vollständigen Befreiung führen soll. Achtsamkeit ist also etwas ebenso Elementares wie Fundamentales und an der Schnittstelle von Alltagserfahrung und transzendentaler Erfahrung angesiedelt. In der Präsenz, die sie beinhaltet, spiegelt sich das eine im anderen.

Achtsamkeit:

- ermöglicht uns Präsenz und Verankerung in der Gegenwart;
- ist wie ein Spiegel, der jeweils das widerspiegelt, was davor erscheint, genauso wie es ist, denn der Spiegel Achtsamkeit verändert oder verzerrt nichts;
- wirkt wie die Linse eines Mikroskops und zeigt das jeweilige Objekt in einer besonders großen Auflösung in Raum und Zeit und damit sehr detailreich;
- hat eine heilsame Wirkung auf Körper *und* Geist;
- lässt uns die Flüchtigkeit der Wahrnehmungen, das Entstehen und Vergehen der Phänomene erfahren.

Letztlich ist Achtsamkeit etwas ganz Einfaches – man muss es nur tun, muss einfach nur achtsam sein und mit der Aufmerksamkeit bei dem bleiben, was man gerade tut oder als Objekt der Achtsamkeit gewählt hat. Und doch, obwohl ich aus eigener Erfahrung nur zu gut weiß, welch wunderbare Kraft die Achtsamkeit ist und dass es einen großen Unterschied im Erleben bedeutet, ob ich etwas achtsam oder automatisch tue, ob ich achtsam durch die Straßen gehe oder im Autopilotmodus, erfahre ich tagtäglich auch, wie schwierig es ist, im Alltag achtsam zu sein, und wie viel einfacher, dem gewohnten Trott zu folgen, bei dem der Körper hier in der Gegenwart ist, während der Geist in ganz anderen Welten, meist vergangenen oder zukünftigen weilt.

Im letzten Herbst habe ich an einem MBSR-Kurs teilgenommen, da ich eine solch strukturierte Form von Meditationsanleitungen, alltagsbezogenen Hausaufgaben und Gruppenaustausch kennenlernen wollte. Und obwohl ich seit Mitte der 80er-Jahre des vergangenen Jahrhunderts meditiere und an vielen Retreats teilgenommen habe, hatte ich das Gefühl, hier zum ersten Mal wirklich den starken, im konkreten Alltag wirksamen Gewohnheitsenergien, Widerständen und Fluchttendenzen Aug in Aug gegenüberzutreten. Es war ihr schwacher Abglanz, dem ich in jedem Achtsamkeits- oder Meditationsseminar begegnet bin. Oft genug hatte ich so die Illusion, nun schon entscheidende Schritte weitergekommen zu sein. Diese Gewohnheitsenergien sind es, die mich nach der Meditation schnell aufspringen lassen, um zum ›Eigentlichen‹ überzugehen, mich schon kurz vor dem Ende der Tai-Chi-Stunde darüber nachdenken lassen, ob ich gleich erst dieses oder jenes tue, mir schon im Gespräch mit der Nachbarin im Geiste Notizen mache, was ich später mit XY besprechen will. Zwar vermag ich mittlerweile, wenn es ›drauf ankommt‹, einigermaßen achtsam einen Apfel zu schälen – aber es kommt einfach im Alltag zu selten drauf an. In bestimmten Kontexten bin ich darauf ›programmiert‹, falls gefordert, Achtsamkeit ›zu produzieren‹, ebenso wie ich in Meditationsräumen meine Schritte verlangsamen und achtsam setzen kann. Vermutlich vermittle ich sogar den Eindruck einer achtsam Meditierenden und fülle dies in solchen Momenten auch ein Stück weit wirklich aus, weil ich weiß, was in solchen Settings erwartet wird. Aber das heißt nicht, dass ich aus dieser Haltung, dieser Achtsamkeit nicht sofort wieder herausfalle: Kaum habe ich achtsam den Meditationsraum verlassen, laufe ich und laufe schnell zur S-Bahn, um ja den nächsten Termin nicht zu verpassen. Ich erwähne dies, weil ich mir sicher bin, dass es nicht nur mir so geht. Und weil ich glaube, dass es wichtig ist, uns in den alten wie auch in den durch spirituelle Praxis möglicherweise neu erworbenen Konditionierungen immer wieder auf die Schliche zu kommen. Ihnen blind folgend begrenzen wir die Achtsamkeit letztlich meist auf bestimmte Bereiche (auch wenn die formulierten Ansprüche anders sein mögen). Ich glaube, wir kommen nicht umhin, Achtsamkeit auf unserer tatsächlichen Prioritätenliste einen durchgängig vorderen Platz einzuräumen und sie nicht so schnell auf dieser Liste wieder abrutschen zu lassen. Sonst wird eine Kultur der Achtsamkeit nur ein frommer Wunsch bleiben. Denn entweder sie findet im Alltag in jedem Moment statt und nicht nur an ausgewählten Orten und zu besonderen Zeiten oder gar nicht.

Für unser (Er-)Leben in der Stadt ist Achtsamkeit so wichtig, weil sie:

- die Bremse ist, durch die wir immer wieder innehalten und uns entschleunigen können;
- uns hilft, der Flut der Sinneseindrücke nicht wehrlos ausgesetzt zu sein;
- uns ermöglicht, einen Stopp zwischen empfangenem Reiz und der eigenen Reaktion zu setzen;
- uns die Chance gibt, von Opfern der Reizüberflutung zu bewussten ›Konsumenten‹ zu werden, die um ihre Wahlmöglichkeiten wissen;
- uns ins Bewusstsein bringt, wie sehr wir uns im Alltag von Urteilen, Wertungen, Vergleichen leiten lassen;
- uns immer wieder Neues auch im Altbekannten entdecken lässt;
- ein wichtiger Faktor zur Stressreduktion ist;
- uns zu erkennen hilft, wie es wirklich um uns bestellt ist;
- der Schlüssel zu einem bewussten, wachen Leben ist.

Achtsamkeit bedeutet, von Moment zu Moment achtsam zu sein für das, was wir tun, für das, was ist, und wenn wir abschweifen mit unseren Gedanken – und das tun wir ständig –, geduldig wieder in den gegenwärtigen Moment zurückzukehren, wieder und wieder. Mehr gibt es nicht zu tun. Und gerade das erscheint dem Geist oft genug unerträglich langweilig und fad. Und diesen so schnell gelangweilten und nach Neuem gierenden Geist so bei der Stange zu halten, damit er erfahren kann: Im unmittelbaren Erleben dessen, was ist, da geschieht es fortwährend Neues, Interessantes, da brauche ich ja gar nicht mehr woanders hin – das ist die Kunst der Achtsamkeitspraxis.

In formaler Meditation ist oftmals die Ausrichtung auf den Atem das Mittel, um den Geist dabeizuhalten, um ihn zur Ruhe zu bringen, zu sammeln und in der Gegenwart zu verankern. Auch im Alltagsleben kann man den Atem als Objekt der Aufmerksamkeit wählen. Ich persönlich kenne keinen besseren Anker in die Gegenwart. Das Besondere ist: Bei allem, was ich tue, kann ich mir gleichzeitig des Atems bewusst sein und diese Konzentration je nachdem mehr im Vorder- oder Hintergrund des Bewusstseins halten. Abhängig davon, was mir wichtig ist, kann ich die Schärfe des Bildes immer wieder neu einstellen. Damit behalte ich gewissermaßen mich im Blick, ohne die Außenwelt aus selbigem zu verlieren. Und so ist der Atem als treuer Begleiter durch den Alltag bestens geeignet. Ob beim Gang zum Bus, beim Treppensteigen, bei der Fahrt mit dem Auto durch die Stadt, bei der U-Bahnfahrt, im Gedränge auf der Rolltreppe, beim Spaziergang im Park, beim Schlangestehen am Postschalter – überall können Sie sich bewusst mit dem Atem verbinden und mit ihm als Begleiter die jeweilige Situation durchleben. Besonders in schwierigen Situationen, in denen Ihnen alles über den Kopf zu wachsen droht, kann sich die Begleitung durch den Atem als segensreiche Zuflucht erweisen, als Anker, der Sie in der Gegenwart und in Ihrer eigenen Mitte hält, während um Sie herum das Leben tobt. Auch in Konfliktsituationen kann der Fokus auf den Atem sehr ausgleichend und entschärfend wirken, weil er einen entschleunigenden und beruhigenden Effekt hat und die Gewohnheitsenergien des Ärgers und der Wut in ihrer Wucht gedämmt werden. Die meisten von uns reagieren wie

Pawlow'sche Hunde, wenn ein Bus ausfällt, wir im Stau stehen oder in einer langen Schlange, die sich kaum vorwärtszubewegen scheint, und empfinden Stress, Spannung und Ärger. Oft suchen wir in solchen Situationen nach Ventilen für unsere Anspannung und Wut, in der irrigen Hoffnung, durch zornige Worte, Blicke oder Handlungen könnten wir uns von den unangenehmen Gefühlen befreien. Vor Kurzem las ich in einem Bericht, wie sehr Zugbegleiter bei der Deutschen Bundesbahn unter den Attacken von Reisenden zu leiden haben, von verbalen Beleidigungen und Pöbeleien bis hin zu körperlichen Angriffen. Besonders aggressiv soll es dabei in der 1. Klasse zugehen. Die Wut- und Stressgefühle, die sich da lautstark Ausdruck verschaffen, sind aber nicht der Tatsache geschuldet, dass der Zug Verspätung hat oder wir im Stau oder am Ende einer langen Schlange stehen, sondern unseren Vorstellungen und der damit verbundenen Nichtakzeptanz der Situation. Sich in solchen Situationen auf den Atem zu besinnen, statt sich von den eigenen Wertungen tyrannisieren zu lassen, ist überaus entspannend und erholsam.

Neben der konzentrativen Ausrichtung auf ein Objekt, wie den Atem zum Beispiel, gibt es in der formalen Meditationspraxis eine Methode, bei der diese Stütze wegfällt und der Geist vollkommen offen für alle in Erscheinung tretenden Gedanken, Empfindungen und Emotionen ist. Auch diese Praxis ist im Alltag fast jederzeit gut einsetzbar. Das Licht der Aufmerksamkeit richtet sich dabei auf den Geist selbst, den wir in einem Zustand gegenwärtigen, offenen Gewahrseins einfach ruhen und so sein lassen, wie er im Moment ist. Gedanken und Emotionen ziehen vorbei, der Geist bleibt davon völlig unberührt, er ruht in seiner Klarheit und Weite.

»So wie Galaxien, Sterne und Planeten durch den Raum des Alls ziehen, findet ein Kommen und Gehen von Gedanken, Emotionen und Empfindungen im Gewahrsein statt. Und wie der Raum nicht von den Objekten definiert wird, die sich in ihm bewegen oder ihn durchqueren, wird auch das Gewahrsein nicht von den Gedanken, Emotionen, Wahrnehmungen und so weiter begrenzt, die sich in ihm zeigen. Das Gewahrsein *ist* einfach da.«[9]

Ich erlebe es im städtischen Alltag als sehr wohltuend und erholsam, immer wieder für Momente im Geist alles loszulassen und mich in dieses Loslassen hinein zu entspannen, in dem Wissen, dass es gerade nichts zu tun gibt als einfach nur das.

Der buddhistische Lehrer Wilfried Reuter (siehe auch S. 96ff.) empfiehlt in seinen Vorträgen regelmäßig eine Meditation, die uns in Kontakt mit einem ›inneren Wohlfühlort‹ bringt. Sich mit diesem Wohlfühlort zu verbinden, ist eine gute Möglichkeit, im städtischen Getriebe nicht die Orientierung und den Kontakt zu sich selbst zu verlieren.

Übung: Der innere Wohlfühlort

Setzen Sie sich in einer bequemen, aber möglichst aufrechten Haltung hin. Spüren Sie in Ihren Körper hinein, spüren Sie das Ein- und Ausströmen des Atems. Spüren Sie den Atem im Brustraum, wie er den Brustraum dehnt und weitet. Spüren Sie ihn ganz von innen heraus, spüren Sie das Leben im Brustraum. Gehen Sie nun weiter zum Bauchraum. Spüren Sie auch hier die Bewegungen des Atems, das Heben und Weiten beim Einatmen; das Lösen und Entspannen beim Ausatmen. Erfühlen Sie den Bauchraum von innen. Erspüren Sie das Leben im Bauchraum. Suchen Sie nun den Bereich des Körpers auf, in dem Sie sich am wohlsten fühlen. Nehmen Sie sich die Zeit, diesen Bereich zu finden. Vielleicht ist er im Unterbauch, vielleicht in der Nabelgegend. Vielleicht im Bereich des Sonnengeflechts oberhalb des Nabels, vielleicht im Bereich des Herzchakras, in der Mitte der Brust, auf Höhe des Herzens, vielleicht im oberen Brustbereich. Vielleicht im Bereich der Wirbelsäule. Wenn Sie einen solchen Bereich gefunden haben, dann spüren Sie sich noch tiefer hinein, verweilen Sie dort und verankern Sie sich in diesem Ort. Vielleicht erleben Sie Ruhe in diesem Bereich, vielleicht Wärme oder Weite, vielleicht auch eine subtile Art zu sein, einfach nur zu sein.

Vielleicht finden Sie aber keinen solchen Wohlfühlort, spüren nichts oder Gedanken überlagern ein mögliches Spüren. Nehmen Sie dies an, akzeptieren Sie, dass Sie noch weiterer Versuche bedürfen, diesen Ort für sich zu finden. Und beenden Sie die Meditation.[9]

Man sollte sich einen solchen Wohlfühlort weniger als Schneckenhäuschen vorstellen, in das man sich im Angesicht von Gefahr verharrend zurückzieht und das man ab und zu leicht anhebt, um zu sehen, ob die Gefahr sich verzogen hat, sondern mehr als Zufluchtsort, aus dem heraus man wieder offen und wach agieren kann.

Verlagert sich der Fokus immer mehr auf die Achtsamkeit im konkret gelebten Alltag, dann rücken damit die Elemente in den Vordergrund, die dabei helfen können, achtsam zu sein, und uns immer wieder innehalten lassen. ›Glocken der Achtsamkeit‹ nennt der vietnamesische Zenmeister Thich Nhat Hanh sie. Unser Zuhause, die Arbeitsstelle sowie der städtische Raum bieten einen überaus reichen Fundus an solchen ›Glocken‹, die uns innehalten lassen, nur – wir müssen uns in der konkreten Situation daran erinnern, dass sie diese Funktion für uns haben. Das heißt, wir müssen dafür neue Verknüpfungen im Geist schaffen. Erklingt in den Zentren und Klöstern Thich Nhat Hanhs eine Glocke, dann halten alle dort für einen Moment inne, atmen dreimal bewusst ein und aus und setzen dann das fort, was sie zuvor beschäftigt hat.

Glocken der Achtsamkeit:

- Kirchenglocken
- die Rufe der Muezzin in Moscheen
- Polizeisirenen
- rote Ampeln
- Zebrastreifen
- Bushaltestellen, an denen wir warten
- Supermarktkassen, an denen wir in der Schlange stehen
- Bildschirmschoner
- Computerprogramme, die die PC- Tastatur regelmäßig für einige Minuten sperren (In der sanften Variante kann man sie selbst wieder entsperren, in der Hardcore-Variante muss man warten, bis das Programm es tut.)
- Erinnerungszettel an sichtbaren Plätzen in Wohnung oder Büro mit entsprechenden Merksätzen oder Versen. [10]

Mit Glocken der Achtsamkeit zu experimentieren und die für uns geeigneten zu entdecken ist überaus hilfreich, unterstützen sie uns doch darin, ganz wesentliche Funktionen der Achtsamkeit immer wieder wachzurufen: die des Innehaltens und der Entschleunigung.

1970 führten die amerikanischen Sozialpsychologen Daniel Batson und John Darley das ›Gute-Samariter-Experiment‹ durch, das weltberühmt wurde und von dem sowohl Stefan Klein als auch Richard David Precht in ihren neuen Büchern berichten.[11] Thema beider Bücher sind unsere Fähigkeiten, freundlich, wohlwollend und kooperativ miteinander umzugehen, und das, was uns dabei immer wieder scheitern lässt.

In besagtem Experiment ging es darum, dass eine Gruppe von Theologiestudenten Vorträge halten sollte. Ein Teil sollte über die biblische Geschichte vom barmherzigen Samariter referieren, der andere über die Karrierechancen von Theologen. In beiden Fällen wurden die Studenten zu höchster Eile angetrieben, um rechtzeitig zu ihren Vorträgen zu kommen. Auf dem Weg dorthin lag ein zusammengekrümmter Mann (Schauspieler), der laut aufstöhnte und offenkundig der Hilfe bedurfte (also genau die Situation der biblischen Geschichte). Nur knapp ein Drittel der künftigen Priester bot dem Mann irgendeine Form von Hilfe an, nur zehn Prozent waren bereit, dafür den Vortrag sausen zu lassen, vollkommen unabhängig davon, ob ihr Thema der gute Samariter oder die Karrierechancen waren. Was den Unterschied ausmachte, war einzig die Zeit, die die Versuchsleiter den Studenten zugestanden hatten. Die, denen mehr Zeit eingeräumt worden war, »waren eher bereit, sich um den leidenden Menschen zu kümmern. Wer hingegen in Eile war, sah fast immer weg«[12].

Für Klein weckt dieses Beispiel »Zweifel an der sittlichen Wirkung der Religion im Alltag«[13], für Precht ist dieses Experiment ein Beispiel dafür, dass wir in unserem moralischen Handeln nicht auf der Basis unserer Prinzipien, sondern situativ handeln. »Wir müssen uns oft schnell entscheiden, zum Abwägen fehlt meist die Zeit. Und die erstbeste Eingebung erscheint uns deshalb oft als die beste.«[14]

Für mich ist es ein gutes Bild für zwei Dinge: Erstens, wie wichtig es ist, im Alltag der Gewohnheitsenergien des Hetzens und Eilens sowie des Sich-antreiben-Lassens und Gehorchens gewahr zu sein und innezuhalten. Sich diesen Impulsen widersetzen zu können und nicht von ihnen getrieben und angestachelt durch die Stadt zu rennen, ermöglicht erst zu sehen, was vor unseren Augen geschieht, und dann vielleicht zu handeln. Zweitens, wie wichtig es ist, für sich die Trennung von Lebensbereichen aufzugeben: hier die Beschäftigung mit theologischen oder spirituellen Themen, da das ganz ›normale‹ Leben, und zu begreifen, dass das eine mit dem anderen sehr viel zu tun hat.

Im nächsten Kapitel wird es darum gehen, wie wir sehen, was vor unseren Augen geschieht, und was wir daraus oft machen.

MAN SIEHT NUR DAS, WAS MAN SCHON KENNT?

In einer bekannten, in vielen unterschiedlichen Variationen erzählten indischen Geschichte untersucht eine Gruppe von Blinden einen Elefanten, um herauszufinden, was denn ein Elefant nun eigentlich sei. Jeder von ihnen erforscht ein anderes Körperteil. Einer betastet das Bein und sagt, dieser Elefant sei wie ein Baum. Ein anderer nimmt das Ohr und meint, ein Elefant sei wie das große Blatt einer Lotosblüte. Ein anderer beschäftigt sich mit dem Schwanz des Elefanten und kommt zu dem Schluss, der Elefant sei wie ein langer Fisch, während für den Erforscher des Rüssels klar ist, dass der Elefant einer Schlange gleicht. Für den schließlich, der die Stoßzähne betastet, ist es ganz sicher, dass der Elefant wie Elfenbein ist.

Jeder von ihnen entwickelt aufgrund seiner Wahrnehmung eine ganz eigene Vorstellung davon, was ein Elefant ist, und sie geraten darüber in heftigen Streit, weil jeder die eigene Vorstellung für die Wahrheit hält und die der anderen für falsch.

Deutlich wird in dieser Geschichte, wie sehr die jeweilige Perspektive das, was wir für Wirklichkeit halten, bestimmt; sie zeigt auch, wie jeder sich aufgrund der ihm zugänglichen Sinnesdaten seine Wirklichkeit konstruiert und sie dann für eine objektive Realität hält.

Auf unser Thema übertragen heißt das, dass vor allem die jeweilige Perspektive bestimmt, wie wir die Wirklichkeit im städtischen Raum – die von vielen Faktoren abhängt –, das Leben in der Stadt wahrnehmen. Ob ich beispielsweise in Hamburg in Blankenese oder Wilhelmsburg lebe, in Berlin in Zehlendorf, Friedrichhain oder Neukölln, ob ich alt bin oder jung, Frau oder Mann, die Stadt, die ich beschreibe und erlebe, wird jeweils eine andere sein.

»Ich glaube, die Stadt ist all das, was wir in ihr sehen, und sie ist all das, was andere in ihr sehen. Sie ist unbegrenzt in ihren Erscheinungsformen. Je nachdem, durch welche karmischen Strukturen wir unsere Erfahrungen machen, erscheint uns die Stadt als Ort der Einsamkeit, Entfremdung und Melancholie. Oder sie ist für uns ein Schauplatz von Macht, von wirtschaftlichen und sexuellen Ambitionen – um nur einige Erscheinungsformen zu nennen.« *Bernd Bender, Zenlehrer*

In diesem Kapitel soll es zunächst ganz elementar um die Sinneswahrnehmungen als Basis für die jeweilige Wirklichkeitserfahrung gehen und wie wir sie fast unmittelbar mit Vergleichen verknüpfen und dann meist noch mit unseren Urteilen und Wertungen einfärben. »Man sieht nur das, was man schon kennt«, damit warb vor einigen Jahren ein Buchverlag in Abwandlung eines Goethe-Zitats für seine Reiseführer. Stand den Blinden in der indischen Geschichte nur der Tastsinn als Basis ihrer Welterkundung zur Verfügung, so sind es für uns im Allgemeinen mehr Sinne. Doch waren die Blinden sehr aufmerksam und konzentriert in ihrer Wahrnehmung, denn sie wollten tatsächlich etwas herausfinden, etwas wissen über die Natur des Elefanten, das Wesen der sie umgebenden Wirklichkeit. Das unterscheidet ihr Verhalten sehr von dem alltäglichen Umgang, den wir gemeinhin mit unseren Sinnen pflegen. Zwar sind die Sinne unsere Tore zur Welt beziehungsweise schaffen erst vermittels der neuronalen Verarbeitungsprozesse im Gehirn die Wirklichkeit, die wir wahrnehmen und in der wir leben, doch meist lassen wir sie ihren ›Job‹ einfach tun, ohne uns für das Was und das Wie sonderlich zu interessieren. Das heißt, meist ist uns gar nicht bewusst, in welch ›fabrizierter‹ Welt wir leben und wie klein und eng wir sie uns oft selbst machen.

SINNESWAHRNEHMUNGEN FINDEN NUR IN DER GEGENWART STATT

Wir sehen nicht den Bus von gestern oder hören die Polizeisirene von morgen, sondern wir sehen und hören immer nur jetzt, auch wenn uns mögliche Gedanken zu dem, was wir sehen und hören, meist sofort wieder in Vergangenes oder Zukünftiges hineinziehen. Sinneserfahrungen mehr Aufmerksamkeit zu schenken bedeutet also, gegenwärtiger zu leben. Tun wir das und erleben wir auch die Stadt auf diese Weise bewusster, so eröffnet uns das neue Horizonte und macht uns mit einer sinnlichen Fülle bekannt, die beim gedankenverlorenen Durcheilen der Stadt gänzlich unentdeckt bleibt.[15]

Beschäftigen Sie sich einmal gezielt mit den einzelnen Sinnen des Sehens, Hörens, Riechens, Schmeckens und Tastens, werden Sie faszinierende Entdeckungen darüber machen können, wie Sie sich konkret die eigene Wirklichkeit schaffen, indem Sie die jeweiligen Sinneswahrnehmungen fast sofort mit eigenen Urteilen, Vergleichen und Wertungen über die entsprechenden Sinnesobjekte überlagern.

Beobachten Sie einmal, wie Sie das, was Sie sehen, automatisch benennen: graues Haus, blaues Auto, alter Mann, buntes Blumenbeet. Sie werden aber auch feststellen, dass Sie meist nicht bei der Benennung stehen bleiben, sondern dass sich daran fast automatisch weitere Gedanken in Form von Vergleichen, Wertungen und Urteilen anschließen, gefolgt von Impulsen des Habenwollens, Vermeidenwollens oder des Desinteresses. Das meiste, was wir sehen, interessiert uns gar nicht und verschwindet sofort aus dem Bewusstsein, wenn es dort überhaupt angekommen und nicht sofort unterhalb der Wahrnehmungsschwelle geblieben ist. Anderes, das wir als schön, angenehm oder zumindest interessant bewerten, wollen wir am liebsten ständig vor Augen haben oder, falls der Gegenstand und die Umstände es erlauben, gern in Besitz nehmen. Unangenehmes, Hässliches sehen wir gar nicht so gern und schauen am liebsten weg oder suchen es von vornherein zu vermeiden.

- In ein »survival kit« für die Großstadt gehören für mich: Liebe und Mit-Leidensschaft (compassio) – denn man weiß nie, was einen Menschen bewegt, jetzt genau das zu tun, was einem selbst vielleicht gerade in diesem Moment in die falsche Kehle gerät. Ursula Baatz, Autorin, Religionsphilosophin

Versuchen Sie einmal das, was Sie sehen, nicht sofort zu benennen, sondern immer wieder zur reinen Sinneswahrnehmung zurückzukehren. Wenn Sie die Namen weglassen, was sehen Sie dann? Sie sehen Formen und Farben. Sind Sie mit Ihrer Aufmerksamkeit ganz bei diesem Vorgang, können Sie entdecken, dass das Benennen, Etikettieren und Bewerten kein Teil der Wahrnehmung selbst, sondern etwas Zusätzliches ist, das sich zwar fast automatisch und unmittelbar der Wahrnehmung zugesellt, aber dennoch kein untrennbarer Teil davon ist. Dies zu erkennen, eröffnet die Chance, konkret zu erfahren, dass das Sehen eines grauen Hauses nicht automatisch zum Urteil hässlich und heruntergekommen führen *muss*. Dass das Sehen eines Menschen mit Schnapsflasche in der einen Hand und Plastiktüten in der anderen nicht automatisch und unabwendbar zum Urteil Penner und dem Impuls des Abwendens führen muss. Oder, dass zwischen dem Urteil Penner und dem Impuls des Abwendens ein winziger Augenblick liegt. Und da ist unsere Freiheit verortet, uns *nicht* abwenden zu *müssen*, sondern uns vielleicht sogar zuzuwenden. Wir können immer wieder, wenn wir wachen Auges durch die Stadt gehen, die Entscheidung treffen, zur Ebene des reinen Sehens zurückzukehren oder zur Ebene des einfachen Benennens, wenn wir bemerken, dass wir uns wieder einmal in Wertungen und Urteilen verheddert haben, oder zur Ebene des Bewertens und Urteilens, wenn wir spüren, dass sich die Impulse des Habenwollens oder Vermeidenwollens melden. Meist ist uns viel zu wenig bewusst, welche Freiheit wir gerade auf dieser Ebene haben, unsere Wirklichkeitserfahrung anders zu gestalten und nicht in unserem fortwährenden Werten, Urteilen und Vergleichen gefangen zu bleiben. Mit Sinneswahrnehmungen zu ex-

perimentieren empfinde ich als überaus interessant und lehrreich, vor allem, wenn man sich dabei immer wieder auch mit gänzlich Ungewohntem, mit unvertrauten Perspektiven und Maßstäben konfrontiert, wie dies oft im Bereich der Kunst geschieht.

> *»Das Werk des Londoner Künstlers Slinkachu ist eine einzige Aufforderung, den Blick zu ändern. Wacher durch den Stadtraum zu gehen. Er setzt winzige, von ihm bemalte Modelleisenbahnfiguren vor weggeworfenen Coladosen auf Mauervorsprüngen und wüstengroßen Supermarktparkplätzen aus: ein Miniatur-Supermann beim Fischen, in einer kleinen Pfütze, ein Mann, der auf eine im Vergleich zu ihm monstergroße Hummel ein Gewehr anlegt, ein winziger Skateboardfahrer, der aus einer Orangenschale eine steile Halfpipe macht.«*[16]

Auch die Ausrichtung auf das Hören lässt uns eine ungemein vielfältige Welt erfahren, die wir durch die Dominanz des Sehsinns und die Gewohnheitstendenz, sich mit der Aufmerksamkeit eher in Gedankenwelten aufzuhalten als in der Welt der Sinne, meist verpassen. Wenn wir sie uns nicht direkt wieder durch unsere Urteile, Bewertungen und damit oftmals einhergehender Impulse (mehr davon haben zu wollen, wegzuhören, nicht hinzuhören) verkleinern, sondern einfach nur hören, treffen wir auf einen ungeahnten Klangreichtum.

Damit sei natürlich nicht geleugnet, dass Menschen besonders in der Stadt oft einem Geräuschpegel ausgesetzt sind, der nur noch als Lärm und gravierende Belästigung und Belastung erlebt wird. Sich dem, wenn möglich, zu entziehen, ist lebenswichtig, denn dass Lärm krank machen kann, ist inzwischen durch viele medizinische Studien belegt. Aber es gibt einen Bereich, in dem wir für uns untersuchen können, inwieweit es nicht vor allem unsere Wertungen und Urteile sind, die darüber entscheiden, ob das Geräusch als mehr oder weniger neutrales Geräusch oder als nicht hinzunehmender Krach erlebt wird. Oft reagieren wir sofort mit Ärger, wenn neben uns in der U-Bahn jemand in sein Handy spricht oder der dumpfe Rhythmus von Technomusik durch seine Ohrstöpsel dringt. Dieser Ärger wird auch dadurch wachgerufen, dass wir uns Geräuschen ohnmächtig ausgesetzt fühlen, sie als Grenzüberschreitungen erleben, die von uns Überlegungen erfordern, wie wir uns dagegen wehren könnten. Wir können wegsehen, wenn wir etwas nicht sehen wollen; in ähnlicher Weise aktiv weghören, können wir nicht (außer wir laufen mit Gehörschutz durch die Gegend). Was wir aber immer tun können, wenn wir Geräuschen ausgesetzt sind, die uns unangenehm sind, ist, all unsere damit einhergehenden Gedanken und Urteile einmal loszulassen und auf die Ebene des reinen Hörens zurückzukehren. Das löst bereits viel von der körperlichen Spannung. Denn sie ist häufig nicht das Resultat der Geräusche als solche, sondern das Resultat unseres Ärgers und des Gefühls der Ohnmacht. Experimentieren Sie damit in der U-Bahn oder im

Bus oder an anderen Orten, an denen Sie sich schnell von Geräuschen belästigt fühlen. Oder versuchen Sie, die Stille hinter den Geräuschen wahrzunehmen. Es gibt diese Stille in uns/außerhalb von uns, die vollkommen unberührt von allen Geräuschen ist. Interessant ist es auch, die eigene Neigung zu betrachten, Geräusche in der Natur per se eher als angenehm zu bewerten oder als gar nicht vorhanden und so eine Stille im Grünen wahrzunehmen, während es um uns herum tschilpt und tiriliert, dagegen viel leisere städtische Geräusche schnell als Lärm und belästigend zu bewerten und auch so zu erleben.

SOUNDING D

Sounding D-Zug hieß jener ungewöhnliche Zug, der im Spätsommer 2010 fast drei Wochen lang durch Deutschland fuhr, in 15 Städten hielt und die Menschen zu neuen Hörerfahrungen einlud im Zug selbst, in der unmittelbaren Bahnhofsumgebung

oder an anderen städtischen Orten. Der Zug bot, neben Klanginstallationen und Abteilen mit speziellen Hörsitzen auch Hörführungen für akustische Erkundungstouren in die Umgebung an. Der Schwerpunkt lag dabei auf der Vermittlung verschiedener Hörweisen und der Sensibilisierung der Ohren für die oft überhörten Alltagsgeräusche. Es ging darum, wie durch das scheinbar Zufällige der Alltagsgeräusche neue Geräuschmuster und Klangteppiche entstehen.

> *»Direkt, unbearbeitet und unvermittelt dringt der Sound eines Ortes ans Ohr – moduliert und variiert einzig durch die Umgebung, die örtliche Bebauung, die Höhe der Häuser, den Verkehr, das Wetter. Vor dem Hörer liegt die Herausforderung, den Klängen der Stadt so zu lauschen, als wären sie Musik. ›Wo immer wir auch sein mögen, meistens hören wir Geräusche. Beachten wir sie nicht, stören sie uns. Hören wir sie an, finden wir sie faszinierend.‹[17] John Cage «*

Ähnlich, wie wir uns bei Geräuschen nicht wegdrehen können, um sie nicht hören zu müssen, können wir das auch nicht bei Gerüchen. Wir sind ihnen ausgesetzt; Gerüche dringen in uns ein, ob wir es wollen oder nicht. So nimmt es nicht wunder, dass unangenehme Gerüche oft starke Emotionen von Abscheu und Ekel in uns auslösen, fast automatisch gefolgt von dem Impuls, sich abzuwenden. Abscheu und Ekel sind sehr unangenehme Gefühle, was das Unangenehme nur weiter potenziert. Aber auch im Bereich des Riechens gibt es Spiel- und Freiheitsräume, die es wert sind, genutzt zu werden. Kennenlernen und ausloten können wir sie, wenn die Benennungen und Urteile, womit wir das Gerochene etikettieren, immer wieder einmal loslassen und zur Ebene des reinen Riechens zurückkehren.

In unseren Städten sind Autoabgase oder ungewaschene, Alkohol und Zigarettenrauch ausdünstende Menschen neben uns im Bus vielfach schon die unangenehmsten Geruchsquellen, denen wir gemeinhin begegnen. Wie anders ist dies noch heute in vielen anderen Gegenden der Welt oder vor noch nicht allzu langer Zeit auch in unseren Breiten gewesen, wie Geert Mak in seinem Buch *In Europa* über das London vor 150 Jahren schildert:

»Im Sommer stank die halbe Stadt nach Kot (...) Vor den Fenstern des Parlaments hängte man zur Abwehr des Gestanks mit Chlorlösung durchtränkte Laken auf. 1858, im Jahr des Great Stink, erreichte die Geruchsbelästigung ihren Höhepunkt (...) Zu dem Dreck, Gestank und Qualm, zu der düsteren Trostlosigkeit kam an den Tagen des berüchtigten Londoner Nebels noch eine extreme Form der Luftverschmutzung hinzu: der Smog (...) An solchen Tagen schwamm die Stadt hilflos, wie gelähmt, in einer gelben, braunen, grünen oder wie auch immer gefärbten Suppe, in der nur hier und dort der kleine Lichtfleck einer Gaslaterne zu erkennen war.«[18]

Dagegen leben wir heute fast schon in einer aseptischen Welt.

IM HIER UND DORT DER GROSSSTADT

Bernd Bender, Zenlehrer in San Francisco

Ich lebe und arbeite am *San Francisco Zen Center.* Unser Zentrum, *Beginner's Mind Temple,* liegt mitten im Getriebe einer von Hektik, Unruhe und Angst erfüllten Großstadt. Jede Woche kommen Menschen, die ein paar Tage oder Wochen mit uns praktizieren wollen. Fast zwei Jahre lang habe ich ihnen gezeigt, wie wir Zazen praktizieren, wie wir meditieren. Dabei fiel mir auf, dass sehr viele Menschen mich fragten, wie sie bestimmte Wahrnehmungen aus ihrer Meditation ausklammern können. »Die vorbeifahrenden Autos stören mich beim Meditieren. Was kann ich da tun?«, wurde ich oft gefragt, oder auch: »Die Leute, die auf dem Bürgersteig vor der Meditationshalle miteinander reden, lenken mich ab; was empfiehlst du?«

Das Phänomen begann mich zu interessieren. Im wiederholten Auftauchen dieser Fragen schien sich ein Problem zu verbergen. Das Zen Center hat noch zwei weitere Praxis-Orte, die beide in der Natur liegen – *Green Gulch,* eine biodynamische Farm direkt am Pazifik, und *Tassajara,* in den Bergen von Big Sur. Niemals habe ich dort jemanden fragen hören: »Das Quaken der Frösche im Teich stört mich. Was kann ich da tun?« oder: »Das Prasseln des Regens auf dem Dach der Meditationshalle lenkt mich beim Meditieren ab. Was empfiehlst du?«

Es scheint bei vielen von uns die Annahme zu geben, dass die Geräusche der Großstadt unsere Meditation stören, während die Klänge der Natur unsere Meditation fördern. Natürlich stimmt daran etwas: Ich möchte die Zeit, die ich in der Stille von *Tassajara* praktizieren konnte, nicht missen. Sich in die Abgeschiedenheit der Natur zu begeben kann für die Entwicklung tiefer Konzentration sehr hilfreich sein. Aber wenn wir Großstädter wirklich daran glauben, einen ruhigen, wachen, offenen Geist nur in der Stille der Natur entwickeln zu können, sind wir dann nicht, wie ein buddhistischer Sisyphos, dazu verurteilt, diesen Geist ein Leben lang immer wieder in der Natur zu suchen, nur um ihn dann im städtischen Alltag nach und nach zu verlieren? Ich kenne Menschen, die genau diese Erfahrung machen, und das scheint mir ein Problem zu sein. Drückt sich in dieser Vorstellung nicht unser verblendeter, dualistischer Geist aus, der die Welt in Natur und Kultur trennt? Glauben wir vielleicht, dass die Stadt ›samsarischer‹ ist als die Natur? Haben wir nicht den Wunsch, aus der Entfremdung des städtischen Alltags in den harmonischen Einklang mit der Natur einzutauchen?

Ich möchte Ihnen vorschlagen, den illusionären Charakter dieser tiefen, uns oft unbewussten Annahmen zu bedenken. Samsara ist Samsara, egal, wo wir sind. Als ich 1994 ans Zen Center kam, gab es auf der Straße direkt vor der Meditationshalle einen illegalen Strich. Morgens um 6 Uhr, in Meditation sitzend, habe ich viel über das sexuelle Leiden der Menschen gelernt. Das war Samsara. Wenn wir jedoch in einem Praxis-

Zentrum in den Bergen sind und es uns beglückt, den Nebel still durch das Tal ziehen zu sehen, ist das auch Samsara – es fühlt sich nur etwas besser an.

Es stimmt aber auch, dass Nirvana Nirvana ist, egal, wo wir sind. Dongshan, einer der chinesischen Begründer der Zen-Praxis, erwachte zu seiner wahren Natur, als er sein Spiegelbild im Strömen eines Flusses erblickte. Was hält uns eigentlich davon ab, ebenfalls aufzuwachen, wenn wir in den Strom der Menschen blicken, der sich durch die Fußgängerzone einer beliebigen deutschen Stadt ergießt? Wieso wachen wir nicht zu unserer wahren Natur auf, wenn die Stille im städtischen Meditationsraum vom durchdringenden Klang eines vorbeifahrenden Krankenwagens unterbrochen wird?

Den Menschen, die in San Francisco mit ihren Meditationsfragen zu mir kommen, rate ich, alle Sinne zu öffnen und zu betrachten, wie die Eindrücke kommen, verweilen und gehen. Das können wir natürlich auch, wenn im Supermarkt das bunte Warenangebot an uns vorübergleitet.

Der Buddha, obwohl er Menschen dazu anhielt, sich in die Stille der Natur zurückzuziehen, verhalf einst einem Mann dazu, mitten im Getriebe der Stadt seine wahre Natur zu erkennen – jedenfalls ist dies meine Interpretation des *bahiya-sutta*. Bahiya war ein erfolgreicher Yogi, der in Südindien in der Abgeschiedenheit der Natur praktizierte und lehrte. Aber Bahiya spürte das Ungenügen, spürte seinen verblendeten Geist und begab sich auf den langen Weg in den Norden, um den Buddha zu treffen. Er fand ihn schließlich bei einem Bettelgang, in der Zivilisation, inmitten des Treibens auf der Straße und der Geschäftigkeit der Menschen.

Genau dort hielt der Buddha inne und unterwies Bahiya. Er sagte: »Bahiya, im Sehen gibt es nur das Sehen; im Hören gibt es nur das Hören. Wenn es für dich im Sehen nur das Sehen gibt, dann gibt es kein Hier, kein Dort und kein Dazwischen. Und, Bahiya, wenn es kein Hier, kein Dort und kein Dazwischen gibt, genau das ist das Ende des Leidens.«

Genau *das* ist das Ende des Leidens.

Als Bahiya dies hörte, wacht er auf – nur um noch am selben Tag im Getümmel der Stadt von einer Kuh getötet zu werden. Aber immerhin: Er war von seinen Illusionen befreit.

Ich finde, dies ist eine wunderbare Geschichte für unser Leben in der Stadt. Etwas für heutige Menschen: einfach, direkt, klar, anwendbar. Nehmen Sie Buddhas Unterweisungen doch einmal mit in den städtischen Alltag. Öffnen Sie Ihre Sinne und lassen Sie sich von der ›Sinfonie der Großstadt‹ berühren. Nehmen Sie wahr, wie wir an ein Hier und ein Dort glauben. Halten Sie dann inne, was nicht heißt, dass Sie Ihr Tun unterbrechen müssen, und fragen Sie sich: »Wo hört der Klang des vorbeifahrenden Autos auf, und wo beginne ich?« Denken Sie bitte nicht so viel über diese Frage nach, holen Sie sie einfach manchmal aus einer Ecke Ihres Geistes hervor, und lassen Sie sie wirken.

Ich wette mit Ihnen, Sie werden die Frage nicht beantworten können. Doch keine Angst, genau diese Unauffindbarkeit von Hier und Dort wird Sie, wie Bahiya vor Ihnen, befreien. Dann müssen Sie nur noch in die Stille der Natur fahren, um anderen zu sagen, dass sie das zwar tun können, aber nicht unbedingt tun müssen. Erzählen Sie ihnen von Bahiya.

DIE RÜCKKEHR DES FLANEURS

Meist bewegen wir uns bei unseren Gängen durch die Stadt auf bereits vertrauten, vorgetrampelten Wegen. Dies bietet große Vorteile: Man spart Zeit, weiß, wo es langgeht, muss sich nicht immer wieder neu orientieren, befragen, was man eigentlich will, kann sich auf Bewährtes stützen und ist weitgehend davor geschützt, Neuem, Unerwartetem und möglicherweise Riskantem zu begegnen. Wenn sich Google Street View erst einmal flächendeckend durchgesetzt hat, werden wir nicht nur vorab ganz genau die nähere Umgebung des Ferienhotels inspizieren können (einen Eindruck von den Zimmern konnten wir ja schon über die Homepage gewinnen), sondern auch potenziell für uns wichtige und noch nicht vertraute Straßen und Häuser in unserer Stadt schon einmal aus der Nähe betrachten, um vor Überraschungen gefeit zu sein, wenn wir diese Gegend aus irgendwelchen Gründen aufsuchen müssen. Aber diesen Vorteilen stehen auch gewisse Nachteile gegenüber: Wir bewegen uns fast nur noch in automatisierten Mustern und Routinen. Hastig durcheilen wir die Stadt auf den immer gleichen Wegen: von zu Hause zur Arbeit, zum Supermarkt, zum Kino, zum Restaurant, zu Freunden, zum Konzert, nach Hause, machen uns die Großstadt zur Kleinstadt oder sogar zum Dorf.

Doch es lohnt sich, Alltagsroutinen immer wieder einmal zu durchbrechen und sich dem Unbekannten in der eigenen Stadt zuzuwenden oder bereits Bekanntes aus ungewohnter Perspektive zu betrachten. Es verändert uns, und es verändert die Stadt. »Vielleicht sind unsere Städte ja nur so immens hässlich, weil wir die Wände, die Unterführungen, die S-Bahnen so oft, so lange, so stumpf angestarrt haben, dass aller Glanz daraus verschwunden ist. Vielleicht schaut die Welt nur so fad und grau zurück, weil wir sie so betrachten«, schreibt Alex Rühle in seinem Artikel über die urbane Kunst der Street Art und plädiert dafür, »den Blick zu ändern. Wacher durch den Stadtraum zu gehen«[19].

Ausgangspunkt der Aktion »Platz nehmen« im Rahmen von *Playing the city 2* war die Idee, den Menschen in der Stadt die Möglichkeit zu geben, ihre Umgebung aus einem anderen Blickwinkel zu erleben. Dafür wurden an verschiedenen Orten in der Stadt – auf Plätzen, am Mainufer oder vor Ladengeschäften – bedruckte Hocker platziert. Die Aktion »Platz nehmen« bot den Passanten die Gelegenheit, den städtischen Raum neu zu ordnen und ihm durch die Aneignung eine neue Alltäglichkeit zuzuschreiben.[20]

Manchmal gewinnen wir neue Perspektiven, wenn wir Besuchern die eigene Stadt zeigen und sie dabei dann auch wieder einmal mit anderen Augen, mit einem frischen, neugierigen Blick sehen. Oder wenn wir mit offenen Sinnen durch andere Gegenden als den vertrauten flanieren.

Der studierte Landschaftsplaner und Fotograf Bertram Weisshaar arbeitet als Spaziergangsforscher.[21] Wichtig sind ihm ein bewusstes Erleben sowie ein neues räumliches Verständnis von Stadt, das auch die Wahrnehmung unbeachteter Brachflächen mit einschließt. In den Stadterkundungen, die er anbietet, zeigt er von daher Orte, die normale Stadtführungen links liegen lassen und die auch für die ansässigen Bewohner eher ein zu ignorierendes Ärgernis darstellen: Brachflächen, Parkhäuser, stillgelegte Autobahnzubringer, Bahnbrachen.

»Im Rahmen der Jahresausstellung der HafenCity Universität Hamburg leitete Bertram Weisshaar für den neu eingerichteten Studiengang ›Kultur der Metropole‹ eine Exploration. Mit umherschweifender Aufmerksamkeit ging es zunächst über den Innenhof am Standort Averhoffstraße (...)

Der Spaziergang zog anschließend vorbei an mehreren Wüsteneien. Merkwürdig scheinen sie allesamt durch den Deckmantel der Normalität und Alltäglichkeit unsichtbar. Nur einen Ort empfanden wir als Wüste, in der man gehen, wandeln kann. Inmitten der Metropole, umgeben von Verkehrsgetose, und doch entrückt, über dem Alltag schwebend, ungesehen, leer.

Unschwer zu erraten, endete der Spaziergang auf dem obersten Deck eines Parkhauses. Wie viele Hochgaragen in vielen Städten, so ist auch dieses überdimensioniert, viele freie Abstellplätze, die beiden oberen Etagen gesperrt. Die (derzeit) abgeriegelte Zufahrt zu den oberen Etagen alleine erklärt jedoch noch nicht, warum die Ästhetik dieses Ortes nicht gesehen, seit Jahrzehnten nicht wahrgenommen wird. Die Erklärung ist wohl eher in der ganz einseitigen Funktion des Gebäudes zu suchen – dem Abstellen von Fahrzeugen. Und so, wie der Bauer (in der Theorie) nicht die Landschaft, sondern nur die Kartoffeln seines Ackers sieht, also sein Blick von seinem ganz unmittelbaren Nutzen gefangen bleibt, ganz so ist auch der Blick und die Wahrnehmung des Autofahrers (hier) blind für den landschaftlichen Blick. Sein Fahrzeug durch das Parkhaus steuernd hofft er, so bald als möglich einen freien Stellplatz zu finden. Es kommen also von je nur wenige Autofahrer ganz oben an – und wenn, dann vermutlich genervt, weil es so lange dauerte, eine freie Lücke zu finden. Und lange schon bevor er sein Fahrzeug endlich verlassen kann, ist er mit seinen Wünschen und Gedanken an seinem eigentlichen Zielort. Dann geht es auf dem kürzesten Weg von der Autotür zur Aufzugstür. Kaum ein Blick zur Seite oder nach oben. An diesem Ort ist viele Jahre nie einer angekommen.

Seit einiger Zeit beginnt sich dies zu ändern. Erste Stadtstrände auf Parkdecks finden sich zum Beispiel in Frankfurt am Main, Braunschweig und Köln (2008 bereits auf zwei Parkhäusern). Jahrzehnte nach der Fertigstellung der Bauwerke wird eine ›neue‹ Qualität dieser Architekturen nun von ›Pionieren‹ entdeckt und – nicht zuletzt – ein ökonomischer Gewinn daraus generiert. In den nächsten Jahren wird man viel Sand auf die Dächer schütten.«[22]

Für ein Durchstreifen der Stadt mit offenen Sinnen kann zumindest in Teilaspekten die literarische Figur des Flaneurs Vorbild sein. Zu Beginn des 20. Jahrhunderts wurde sie zum Typus des neuen Großstadtbewohners, der mit Neugier durch die Straßen der Großstädte mit ihren anonymen Menschenmassen streifte, die Bewegungen auf den Straßen der Stadt verfolgte und eine neue Ästhetik der Stadtwahrnehmung entstehen ließ. Der Flaneur gewann seine Reflexionen aus den kleinen Beobachtungen und Eindrücken großstädtischen Lebens. Franz Hessel definierte das Flanieren als eine Art »Lektüre der Stadt«[23]. Die Stadt ist für den Flaneur wie ein zu lesendes Buch und die Architektur wie dessen Buchstaben. Durch das Verhalten der beobachteten Menschen fügen sich die Buchstaben zu einem lebendigen Ganzen zusammen. Allerdings kennzeichnete den Flaneur zu Beginn des 20. Jahrhunderts eine gewisse Gleichgültigkeit gegenüber dem Betrachteten. Er suchte sich von den anonymen Menschenströmen abzuheben, kultivierte eine gewisse Dandyhaftigkeit und wollte in dieser Attitude auch gern gesehen werden. Dieser Flaneur war ein eher distanzierter Beobachter. Der Flaneur des 21. Jahrhunderts könnte der Qualität der Offenheit für die vielfältigen, flüchtigen Eindrücke auf seinen Stadtwanderungen die der Anteilnahme hinzufügen. Und er könnte sich, statt auf die eigene Besonderheit bedacht zu sein, eher auf das konzentrieren, was ihn verbindet. Aus anonymen Menschen werden Mitmenschen, in denen der Flaneur sich selbst erkennt.

S-BAHN-FAHRT

Karin Petersen, Autorin und Übersetzerin

Mir erschließen sich die spirituellen Schätze der Stadt bei entspannten Fahrten in öffentlichen Verkehrsmitteln. Befreit vom Stress, selbst Fahrzeugführerin zu sein, ohne Ablenkung durch Lektüre oder innere Träumereien, lasse ich mich ein auf meine Umgebung, bis ich – und sei es nur optisch – zum reisenden Partikelchen in der großen Reise meiner Mitmenschen in einem lebendig pulsierenden Stadtkosmos werde.

Besonders liebe ich S-Bahn-Fahrten bei einsetzender Dämmerung. Im gläsernen Gehäuse der Bahn und ihrem glänzenden Innenleben reist spiegelnd alles mit, was diese Stadt an Formen, Farben, Schriften, Licht und Dunkelheit im Himmel wie auf Erden zu bieten hat. Sie schiebt sich als ständig wechselnde Kulisse in die Spiegelbilder der Fahrenden in den dunkelnden Fenstern. Im spiegelnden Glas der Türabschirmung mir gegenüber sitzt neben mir der Fahrgast hinter mir. Beim nächsten Schlingern des Wagens ist er mein Doppelgänger, wir überlagern uns wie transparente Negative. In den Kurven tauschen wir die Köpfe.

Im Rhythmus der sich öffnenden und schließenden Türen wechseln die Gruppierungen. In kurzen Intervallen sitze ich Stoff an Stoff mit Wildfremden. Ein wortloses Summen vibriert zwischen uns Reisenden. Auch da, wo wir einander keines Blickes würdigen, finden Begegnungen statt, und wenn ich aussteige, bin ich eine andere, als die ich war, bevor ich eingestiegen bin.

Mein *Meditationstipp für die Großstadt* in solchen Fahrtsituationen, aber auch an anderen Orten, wo meine Mitkosmopoliten mir mit ihrem Leid, ihrer Aggressivität, ihrer Armut, ihrer Verrücktheit oder ihrer Krankheit so nahe rücken, dass ich selbst aus dem Gleichgewicht zu geraten drohe ist, *Tonglen*, eine buddhistische Meditation, die ich von Sogyal Rinpoche lernte.

> Ich schaue mit geöffneten Augen vor mich hin und stelle mir innerlich vor, in mein Herz zu atmen, was mich bedrängt, und Ruhe, Klarheit und Mitgefühl auszuatmen. Beginnend mit dem eigenen Unbehagen, gehe ich zu den leidvollen Gefühlen der Menschen über, die ich aus den Augenwinkeln wahrnehme, und weite den Kreis allmählich auf immer mehr Anwesende aus.

Auf die Art und Weise schließe ich, und sei es für Sekunden, Menschen ins Herz, die beim ersten Anblick Abneigung, Ekel, Wut und jede Menge strenge Urteile in mir auslösten.

Das Herz hat, so meine Erfahrung, unendliche Kapazitäten im Annehmen und Umwandeln von Leid. Deshalb ist die Großstadt der ideale Ort, um diese Meditation zu praktizieren.

MEDITATION, STILLE UND KURZE AUSZEITEN – ÜBERALL UND JEDERZEIT

Eine Freundin wollte skaten lernen. Da es ihr peinlich war, ihre ersten Schritte dort zu tun, wo andere, erfahrene Skater sie sehen könnten, sie aber auch nicht ganz alleine ihre ersten Versuche machen wollte, verabredeten wir uns an einem Sonntagvormittag auf dem Parkplatz eines Discounters. Ich kam aus irgendwelchen Gründen viel zu früh auf dem großen, menschen- und autoleeren Parkplatz an, ärgerte mich, dass ich kein Buch dabei hatte, setzte mich auf ein kleines Stückchen Rasen am Rand und begann zu meditieren. Die Stille und Weite dieses Ortes – Auto- und andere Geräusche drangen nur sehr gedämpft zu mir herüber – wunderbar!

> In ein »survival kit« für die Großstadt gehören für mich:
>
> - Orte der Ruhe inmitten des Chaos – innen und außen;
> - ein Gegenstand der Betrachtung, der mir liebenswert erscheint – innen und außen;
> - die Bewusstheit, dass der Zeitpunkt dafür immer da ist. Martha Schmidt, Wissenschaftlerin

Mit ein wenig Fantasie und Offenheit lassen sich in der Stadt unzählige Orte zur Meditation, für kurze Auszeiten oder zum meditativen Verweilen finden. Löst man sich erst einmal von der Vorstellung, nur das Sitzen auf dem heimischen Meditationskissen oder in einer Gruppe in stillen, besonders vorbereiteten Räumen sei Meditation, kann dies der Ausgangspunkt für Entdeckungsreisen im städtischen Raum nach ganz anderen meditativen Erfahrungsmöglichkeiten sein. Welche das sind, hängt ganz wesentlich davon ab, was Sie unter Meditation verstehen und mit ihr verbinden: Manchmal geht es Ihnen vielleicht nur darum, einige Male bewusst ein- und auszuatmen.

Manchmal darum, für eine etwas längere Zeit den Geist zu sammeln und zur Ruhe zu kommen, und manchmal darum, mit offenen und wachen Sinnen das wahrzunehmen, was geschieht, und sich davon auch berühren zu lassen. Sind es vor allem die Aspekte Entspannung, Abschalten, Zur-Ruhe-Kommen, Zu-sich-Kommen, dann gibt es zweifellos Orte und Zeiten, die für solche Aspekte förderlich sind, und Orte und Zeiten, die das eher nicht sind. In einem Park auf einer abgelegenen Bank am frühen Morgen kann man sicherlich einfacher zur Ruhe kommen und Stille finden als an der Ampel einer Hauptverkehrsstraße zu Zeiten des Berufsverkehrs. Wobei all diese förderlichen Orte im öffentlichen Raum selten wirklich mit dem heimischen Meditationskissen oder der Gruppenmeditation konkurrieren können, da Letztere all die Ablenkungen auszuschließen suchen, mit denen wir außerhalb von ihnen oft konfrontiert sind. Entspannung und Ruhe unterstützende Orte im städtischen Raum sind solche, die selbst ein gewisses Maß an Ruhe und Entspannung, vielleicht auch Abgeschiedenheit ausstrahlen. Allerdings, und dies sei nochmals betont, ist die Er-

fahrung von Stille nicht an äußere Stille gebunden und letztlich überall möglich. Verbindet man mit Meditation eher den Aspekt einer wachen Bewusstheit für das, was geschieht, kommen viel mehr Orte infrage, auch solche, die man normalerweise kaum mit so etwas wie Meditation in Zusammenhang bringen würde. Sucht man in der Meditation vor allem die Dimension von Geduld, Anteilnahme, Mitgefühl und Verbundenheit zu stärken, entpuppen sich wieder andere Orte als bestens geeignet. Es kommt also sehr auf Ihre jeweilige Motivation an, damit Sie den in einer bestimmten Situation für Sie bestgeeigneten Ort finden können. Und es ist wichtig, wenn Sie an einem bestimmten Ort sind, eine realistische Einschätzung dafür zu entwickeln, für welche Meditation oder Kontemplation dieser Ort förderlich und unterstützend sein kann und für welche eher nicht. Und des Weiteren zu wissen, welche Werkzeuge (Achtsamkeit auf den Atem, offenes Gewahrsein, Verbindung zum inneren Wohlfühlort, Tonglen, Metta-Meditation usw.) Ihnen zur Verfügung stehen und sich für welchen Ort und welche Motivation jeweils am besten eignen. Eine gewisse Klarheit in diesen Punkten ist sehr hilfreich, um sich nicht zu überfordern und zu frustrieren. Es gibt einfachere Orte als ein überfülltes Wartezimmer, um sich in die Stille zu versenken, aber es gibt nur wenige so gut geeignete Orte, um sich in Anteilnahme und Mitgefühl zu üben und auf Verbundenheit auszurichten.

Die Stadt als bestens geeigneter Ort, die Meditation zu beginnen, beinhaltet ein weites, offenes Feld, das einlädt, hier nach Herzenslust zu experimentieren. So merke ich einen deutlichen Unterschied im Erleben, ob ich mich, zum Beispiel in einer Schlange stehend, auf meinen Atem ausrichte oder in offenem Gewahrsein ruhe. Bei Ersterem habe ich meist ein stärkeres Gefühl von: ich hier, die anderen dort, und wir sind alle verbunden; im offenen Gewahrsein eher das Empfinden eines Raumes, der alles umfasst.

In ein ›survival kit für die Stadt‹ gehören für mich:

- angenehme Orte in der Stadt, die mich die Zeit vergessen und still werden lassen: ein Park, in dem die Natur seit langen Jahren wild wachsen darf, ein historischer Platz Berlins, dessen Schönheit mich bewegt, Musik, Tanz, Bilder, die meine Seele berühren und nähren ...

Monika Mewes, Tai Chi-Lehrerin

Prinzipiell gibt es für Großstadtmeditation keinen gänzlich ungeeigneten Ort oder Zeitpunkt. Das bedeutet nicht, dass man sich überall in Meditationshaltung mit gekreuzten Beinen hinsetzen, die Augen schließen und in traditioneller Weise meditieren müsste. Das wird nur in seltenen Fällen möglich sein und ist hier auch gar nicht gemeint. Es bedeutet, dass man die vielfältigsten Orte des städtischen Raums nutzt, um die Samen von Achtsamkeit, Gewahrsein und Mitgefühl keimen und sprießen zu lassen. So wie in der neuen Gartenbewegung (siehe S. 74ff.)

brachliegende Flächen, Grünstreifen zwischen mehrspurigen Straßen, Verkehrsinseln und vergessene Hinterhöfe als ideale Anbauflächen für Grünpflanzen, Blumen und Gemüse entdeckt und genutzt werden.

Allerdings gibt es seit einiger Zeit eine Bewegung, bei der traditionelle Meditation auf dem Boden mit gekreuzten Beinen im öffentlichen Raum eine tragende Rolle spielt. Hier treffen sich Leute, durch die schnellen Informationswege der neuen sozialen Medien wie Facebook, Blogs oder Twitter zusammengerufen, um für kurze Zeit an belebten Orten öffentlich und sichtbar zu meditieren. *Public Meditation, Guerilla Meditation* oder auch *ÖKOMED* nennen sich Aktionsformen, die Meditation ganz konkret in den öffentlichen Raum bringen und damit bewusst gewohnte Vorstellungen von öffentlichem Raum und dessen Nutzung irritieren. Durch ›Öffentliche Kollektive Meditation‹ wird, wie es auf www.oekomed.blogspot.com heißt, »in vielen Städten der öffentliche Raum zu einem Tor für Innerlichkeit und Stille transformiert. In der öffentlichen Meditation sind wir Repräsentanten der Stille (...) jeder kann sich ein Bild davon machen. Als ein Riff der Stille erobern wir den öffentlichen Raum zurück. Meditation muss sich nicht verstecken – Meditation gehört exakt da hin, wo der Lärm am dichtesten ist. Jeder Ort zählt. Jeder Mensch zählt. Jede Minute zählt«. Beliebte Orte solcher Aktionen sind belebte Orte wie Hauptbahnhöfe, Weihnachtsmärkte, freie städtische Plätze vor öffentlichen Gebäuden, große Veranstaltungen usw. Es geht um die öffentliche Inszenierung von Stille, Bewusstheit und Transformation. Als »Seelenhygiene für die City« bezeichnet der spirituelle Dienstleister und Aktivist Sebastian Gronbach diese Form öffentlicher Meditation auf oben genannter Homepage. Dort heißt es auch:

»Meditation ist der ADAC für die Seele. Sie schleppt den Lärm ab und bringt Stille in die Straßen deiner Seele.

Mit ÖKOMED bist du der spirituelle ADAC. Du schleppst den Lärm ab und bringst Stille in die Straßen deiner Stadt. Von innen nach außen.«

Bei den Großstadtmeditationen in diesem Buch geht es weniger um solche öffentlichen Inszenierungen, als darum, den städtischen Raum als Ort meditativer, spiritueller Erfahrungen zu entdecken und zu nutzen. Die Form ist dabei zweitrangig, denn meditative Erfahrungen sind nicht an bestimmte Haltungen gebunden – auch nicht an Orte.

Einige Orte sind besonders gut geeignete Orte für kurze Auszeiten und Meditationen, die den Geist zur Ruhe bringen:

- das Meditationskissen in den eigenen vier Wänden
- der eigene Balkon
- der eigene Garten
- das eigene Auto
- Kirchenräume, Moscheen, Synagogen
- Meditations- oder Yogazentren
- Räume der Stille (wie es sie mittlerweile in vielen Städten gibt)
- Friedhöfe
- Parks

Andere sind dafür ebenfalls gut geeignet:

- das eigene Büro (ist es ein Großraumbüro, dann gehört es wohl eher unter die Rubrik jener Orte, die für wache Bewusstheit für das, was geschieht, prädestiniert sind)
- Treppenhäuser
- öffentlich zugängliche Dachterrassen
- Brachland
- Parkdecks
- Badewanne
- Toiletten

Wieder andere entfalten ihren Reiz besonders zu bestimmten Tageszeiten:

- die Stadt um 4 oder 5 Uhr in der Früh
- Spielplätze am frühen Morgen oder späten Abend
- große Parkplätze am frühen Morgen, späten Abend oder sonntags

Meditation beim Schlangestehen

Meinen Atem im Heben und Senken des Bauches spürend, nehme ich wahr, dass ich am Ende einer Reihe von Menschen am Postschalter stehe, meine Füße, fest auf dem Boden, stehen schulterbreit auseinander, ich spüre Anspannung im Bauch – und suche sie zu lösen, atme in die Anspannung hinein; mein Gesicht ist angespannt, die Mundwinkel nach unten gezogen, ich versuche sie in einem Halb-Lächeln zu entspannen. Den Atem spürend, sehe ich die Menschen vor mir, sehe ... Den Atem spürend, merke ich, wie der Gedanke: »Wie kann man nur so langsam sein und nicht vorher wissen, was man genau will«, durch mein Bewusstsein zieht und ein Gefühl des Ärgers auslöst. Den Atem spürend, lasse ich den Ärger los und wende meine Aufmerksamkeit wieder dem Heben und Senken der Bauchdecke zu. Den Gedanken: »Diesen Idioten sollte man ...«, lasse ich los, bevor ich ihn zu Ende gedacht habe, und spüre wieder den Atem. Ich sehe die Menschen vor mir und spüre auf einmal ein Gefühl der Verbundenheit und des Mitgefühls: Uns hat es hier in dieser Schlange zusammengeführt. Wir alle sind in unseren eigenen Gedankenwelten und Fantasien verfangen, erleben Ungeduld und Ärger, dabei wollen wir eigentlich alle nur glücklich sein und schaffen das doch nur so selten. Ich spüre meinen Atem, sehe, dass der Mensch vor mir ein, zwei Schritte nach vorn geht, hebe den rechten Fuß, bringe ihn ein Stück nach vorne und setze ihn dann auf, hebe den rechten Fuß und verfahre ebenso. Nehme den Gedanken wahr: »Die könnten doch wirklich noch einen zweiten Schalter aufmachen, statt immer nur den Service zu verschlechtern«, der von einem erneuten Gefühl heftigen Ärgers begleitet wird, und spüre wieder den Atem, spüre das irgendwie warme, vertraute Gefühl des Hebens und Senkens der Bauchdecke ... Ich trete an den Schalter, sehe die Frau auf der anderen Seite freundlich an, lächle und sage: ...

Manche Orte eignen sich besonders gut zur Stärkung von Anteilnahme, Mitgefühl und Verbundenheit:

- Arztpraxen
- Krankenhäuser
- Bahnhofsgegenden
- Wartesäle
- Eckkneipen
- Altersheime
- bevölkerte Straßen, vor allem in sogenannten Problembezirken
- Öffentliche Verkehrsmittel
- Einkaufszentren
- Jobcenter
- Suppenküchen

Fast immer und überall möglich ist es auch, Meditation mit Bewegung zu verbinden, zum Beispiel in einer *Gehmeditation*. Auch wenn wir heute vielfach Entfernungen weniger durch Gehen und mehr mithilfe von Verkehrsmitteln zurücklegen, so gehen doch auch die Faulsten und Bequemsten unter uns meist noch ein paar Schritte, sei es zum Briefkasten, zur Garage oder den Flur zum eigenen Büro. Routinemäßiges Gehen ebenso wie bewusstes Spazierengehen kann man wunderbar ›veredeln‹, indem man daraus eine Gehmeditation macht. Das funktioniert langsam oder schnell – in jedem Tempo. Das heißt, Sie müssen keine befremdeten oder verärgerten Blicke befürchten, weil Sie im Schneckentempo schleichen oder anderen im Weg sind. Sie können das Tempo der jeweiligen Situation und Umgebung anpassen. Auch bei meditativem Gehen vermag der Atem ein hilfreicher Begleiter zu sein. Sie können Ihre Aufmerksamkeit beim Gehen auf den Atem ausrichten und das Ein- und Ausatmen mit Ihren Schritten koordinieren. Sie können statt des Atems auch Worte nehmen und mit den Schritten verbinden.[25] Oder Sie setzen achtsam Schritt für Schritt, sich Ihres Körpers bewusst, sich der Umgebung bewusst. Die Gehmeditation ist eine überaus angenehme und praktikable Möglichkeit, den herumstreunenden Geist immer wieder einzufangen, sodass er mehr und mehr zur Ruhe kommen kann. Ein ruhiger Geist verzerrt die Wirklichkeit nicht durch eigene Trugbilder, sondern vermag das zu spiegeln, was tatsächlich ist: grauer Asphalt auf dem Boden vor mir. Am Straßenrand eine Reihe von Autos. Eine Frau mit einem Kind an der Hand kommt entgegen. Das Kind lächelt …

Weitere Möglichkeiten für Meditation und kurze Auszeiten:

- den Blick längere Zeit in die Weite richten
- für eine Weile in den Himmel schauen und das Ziehen der Wolken beobachten
- von einer Brücke ins Wasser sehen

- am Ufer eines Teichs, Sees oder Flusses sitzen und ins Wasser schauen
- im Garten in der Erde wühlen
- Kinder beim Spielen beobachten

U-BAHN-SELIGKEIT

Torsten Brügge, spiritueller Lehrer

Im Kellergeschoss

Was bedeutet U-Bahn fahren für uns? Nervt es? Ist es sterbenslangweilig? Denken wir: ›Eigentlich habe ich Besseres zu tun‹? Wie wäre es, die Fahrt durchs Kellergeschoss der Stadt als pure Meditation zu genießen?

Es beginnt mit den ersten Schritten die Treppe hinunter zum Bahnsteig. Wir stehen noch oben, doch unser Verstand stürzt schon vorweg. ›Kriege ich die nächste Bahn noch oder muss ich wieder warten und komme zu spät?‹ An den Spruch, *Zeit ist Geld,* glauben wir natürlich nicht mehr. Doch das Motto, *Zeit ist Glück,* beherrscht unser Denken: Wir versuchen möglichst viel Zeit einzusparen, um später glücklich sein zu können. Dieses ›später‹ ist ein Aufschieben der Zufriedenheit in eine eingebildete Zukunft. So verpassen wir die Möglichkeit, schon in diesem Moment eine neue Spielart von Glück und Frieden zu entdecken.

Zum Beispiel in der einfachen Berührung unserer Fußsohlen mit den Steinstufen, die zum Bahnsteig führen: Das ist eine Fuß-Reflexzonen-Massage der besonderen Art! Jede Stufe massiert unsere Füße auf neue kraftvolle Weise. Unser Körpergewicht sorgt für den richtigen Druck. Die Flächen und die Kante jeder Stufe erwidern ihn. Muskulatur und Gewebe unserer Füße werden mindestens so gut durchgewalkt wie von der Hand eines geübten Masseurs – und das kostenlos!

Und wenn wir die Rolltreppe benutzen? Auch hier möchte unser Verstand am liebsten sofort unten angekommen sein: ›Warum sind diese Dinger dermaßen lahm geschaltet? Mensch, was stellt dieser Idiot sich in den Weg, stell dich rechts hin, Lahmarsch!‹

Ohne solchen Geschwindigkeitsdruck steht uns eine außergewöhnliche Erfahrung offen. Wir schweben stehend in Richtung Ziel. Mühelos, ohne auch nur einen Finger rühren zu müssen. Das wünschten sich die Yogis und dann haben sie den fliegenden Teppich erfunden. Nur hat es mit dem nie so richtig geklappt.

Warten, ohne zu warten

Blick auf die Anzeigetafel: ›Mein Gott noch zwölf Minuten? Sonst fährt die Bahn hier doch im Fünfer-Takt!‹ Auch die freundlich durchgesagte Entschuldigung des Verkehrsbetriebes kann unseren Verstand nicht beruhigen. Wir starren ungeduldig ins Dunkel des Tunnels, von wo die Bahn kommen muss. Können wir sie auf magische Weise hervorlocken? Gleichzeitig tobt unser Denken. ›Das kann doch nicht wahr sein.‹ Wahr ist: Wir haben gerade die wunderbare Chance bekommen, eine Zwölf-Minuten-Steh-Meditation zu beginnen. Zwei oder drei Minuten sind mit innerem Gemecker und Verspätungsszenarien in der Fantasie schon verstrichen. Bleiben noch neun Minuten. Wozu? Um etwas zu entdecken: Jedes Warten kann stattfinden auch ohne Gedanken an das, was erwartet wird. Dieses »Warten, ohne zu warten« kann sich in verschiedenen Formen abspielen. Vielleicht spüren wir unserem Atem nach. Wir entziehen dem Grübeln unsere Aufmerksamkeit und lenken sie auf unsere Körperempfindungen. Einatmen: Die Rippen heben sich, der Brustkorb wird weit. Ausatmen: Die Muskulatur entspannt sich, die Luft strömt aus unserem Mund. Wir können diese Atemzüge auch zählen. Das kann helfen, mit der Aufmerksamkeit beim Atem zu bleiben. Wir brauchen dem Gedanken: ›Wann kommt die Bahn denn nun endlich?‹, nicht zu folgen. Wir genießen das Spüren des Atmens. Wie wohltuend solche Einfachheit ist.

Kurz bevor die U-Bahn einfährt, streicht ein Luftzug über unsere Haut. Die winzigen Härchen erspüren feinsinnig die leichtesten Bewegungen, auch den Luftstrom, den die U-Bahn weit vor sich herschiebt. Wir genießen dieses Strömen genauso wie eine Brise am Strand – und das hier unten auch noch ohne jegliche Gefahr eines Sonnenbrandes.

Die U-Bahn ist da. Die Wartezeit ist wie im Flug vergangen – weil wir nicht gewartet haben.

Melodie des Momentes

Wir suchen uns einen Platz. Die Meditation geht weiter. Es kann hilfreich sein, die Augen zu schließen. Die anderen dürfen denken, wir seien müde. Wenn wir auf das Umherschauen verzichten, braucht unser Verstand sich nicht in Kommentaren zu verlieren. Stattdessen kann unsere Aufmerksamkeit sich auf den gegenwärtigen Moment richten. Mag sein, dass unser Denken noch Geschichten erzählt: Wie es gestern war, was wir heute noch vorhaben und was morgen geschehen könnte. Mit geschlossenen Augen ist dieses Kreisen leichter zu erkennen. Es darf da sein. Doch wir können eine wirkungsvolle Vertiefung unserer Aufmerksamkeit geschehen lassen: über das Hören.

Als Säugling haben wir in die Welt gehorcht. Haben jedem neuen Klang gelauscht. Staunten über jedes Geräusch. Später überlagerte der Denkprozess das reine Hören. Wir lernten zu benennen und zu erklären. Unser Verstand versucht die Welt zu begreifen. Er bildet Begriffe. Und doch gibt es immer wieder Momente, in denen wir frisch hinhorchen. Die Reinheit oder der Wohlklang liegt nicht im Ton, sondern in der Art des Hörens. Beim reinen Lauschen lassen wir uns in die Wahrnehmung des gegenwärtigen Klanges sinken. Wir hören, ohne zu benennen, ohne zu bewerten. So als wüssten wir nicht, was wir hören oder wie wir hören.

In jedem Augenblick wird ein neuer Klang angeschlagen. Auch in der U-Bahn. Ein ansteigendes Brummen des Elektromotors beim Anfahren. Das rhythmische Pochen der Gleisschwellen. Die Stimmen der anderen. Stationsansagen. Das Prusten der Luftdruckdüsen beim Öffnen und Schließen der Türen. Es sind Teile eines vielfältigen Klangteppichs. Wir haben eine Freikarte für die erste Reihe zu einem außergewöhnlichen Konzert im Keller-Saal.

Manche Orte sind bestens geeignet für die Einübung wacher Bewusstheit für das, was geschieht, sowie für Geduld, Mitgefühl und Verbundenheit:

- Menschengedränge
- öffentliche Verkehrsmittel während der Hauptverkehrszeiten
- Menschenschlangen in Supermärkten

- voll besetzte Wartezimmer beim Arzt
- Warteräume in städtischen Ämtern
- Staus
- Bahnhöfe
- Flughäfen
- Spielplätze
- Cafés oder Restaurants

Die Stadt als Raum wahrzunehmen, der uns an jeder Ecke Chancen für kurze Auszeiten und meditative oder spirituelle Erfahrungen zur Verfügung stellt, und diese auch zu nutzen bedeutet zum einen, dass wir auch in der Stadt, in unserem Alltag unzählige Möglichkeiten entdecken, Momente der Stille und Ruhe zu finden. Es bedeutet aber auch, dass wir unsere Handlungs- und Daseinsräume und unsere Wahlmöglichkeiten, wie wir Situationen erleben und in ihnen agieren, entscheidend vergrößern – und das erscheint mir als das eigentlich Kostbare.

So kann man die Orte des städtischen Raums auch im Hinblick darauf nutzen, sich in Freundlichkeit, Mitgefühl, Freude oder Gleichmut zu üben[25] oder einfach, um mit wachem Blick zu schauen, wie es um uns und unsere Gesellschaft eigentlich bestellt ist oder um offen zu sein für überraschende Begegnungen. Auch hier stellt uns die Stadt eine unerschöpfliche Anzahl von Orten und Gelegenheiten zur Verfügung. Der buddhistische Lehrer Wilfried Reuter meint, die Stadt sei vielleicht nicht so sehr der Ort für tiefe meditative Versenkungen, dafür seien Retreats in Klöstern oder Zentren möglicherweise geeigneter, sondern sie sei der ideale Ort für die Beschäftigung mit den Tugenden der Großzügigkeit, des ethischen Verhaltens, der Geduld, Beharrlichkeit, Weisheit.[26] Darum wird es in einem späteren Kapitel gehen. In den folgenden beiden Kapiteln werden aber zunächst noch zwei Orte spiritueller Erfahrungswelten vorgestellt, die auf den ersten Blick unterschiedlicher nicht sein könnten: sakrale Räume und Gärten.

SEHNSUCHTSORTE: TRADITIONELLE UND ANDERE SAKRALE RÄUME

Ein großer, hoher, von mächtigen Säulen gestützter, weitgehend leerer Raum mit Holzbänken und Tischen in der Mitte. An einer Ecke kann man sich etwas zu essen und zu trinken kaufen. Vorn auf einem durch wenige Stufen abgetrennten Podium sitzen zwei junge Männer. Sie singen Gedichte des Sufi-Mystikers Dschelaleddin Rumi und begleiten sich dabei auf ihren Gitarren. Dann betritt eine Frau in dunklem Gewand die Bühne, auf dem Kopf den typischen Hut der Derwischtänzer. Sie verbeugt sich, bindet ihre langen Haare zusammen und steckt sie unter den Hut. Langsam zieht sie ihren dunklen Mantel aus, steht nun im weißen langen Gewand da, steht für eine ganze Weile da, so als lausche sie – und dann beginnt sie sich langsam und dann immer schneller zu drehen. Zum ersten Male sehe ich eine Frau diesen Tanz oder diese Meditation in Bewegung ausführen, mit dem die Derwische Vereinigung mit dem Göttlichen suchen. Eine Holländerin, namens Karen Reddering. Sie dreht sich mit einer Anmut, einer Hingabe, einer Versunkenheit, die mich tief ergreifen. Noch heute beim Niederschreiben, einige Monate später, bewegen mich die Bilder von damals: wie die Frau sich dreht und dreht und dreht und in ihren Bewegungen so gut die dahinterliegende Stille sichtbar und hörbar macht und damit ein Feld der Andacht und spirituellen Erfahrung schafft. Wie sie dann innehält und sich wieder verbeugt, mit einem Lächeln so voller ... ja, ich würde es Liebe nennen, dass mir die Tränen in die Augen schießen. Doch immer bleibt mir gegenwärtig, dass all das – das Geschehen vorn und meine Bewegtheit – nicht in einem luftleeren Raum stattfindet, sondern in einem ganz besonderen – in einer

Kirche. Es ist die Nieuwe Kerk in Amsterdam, ein Gebäude aus dem 17. Jahrhundert, das aber seit einigen Jahren nicht mehr für Gottesdienste und Ähnliches genutzt wird, sondern als Veranstaltungsort für Konzerte, Kunstveranstaltungen oder Abende wie diesen im Rahmen der *Langen Nacht der Museen*. Und mir wird wieder einmal bewusst, welche ›Kraftorte‹ Kirchenräume sind, selbst wenn in ihnen mittlerweile ganz andere Dinge stattfinden als die, für die sie einst gebaut wurden. Doch bin ich mir ganz sicher, solche Orte sind immer dafür gedacht gewesen, dass sich im 21. Jahrhundert vorne im Altarbereich eine Sufi-Frau in ihrer Gottsuche drehen kann und auf diese Weise ein Feld der Sehnsucht nach dem Göttlichen entsteht. Sie verkörpert durch ihre Präsenz das Wissen, dass es etwas

gibt, das uns Menschen in unserem Normalbewusstsein weit übersteigt.

In unseren Städten gibt es viele christliche Kirchen, aber zunehmend verbreitet sich die Palette sakraler Räume auch durch die Errichtung neuer Synagogen, den Bau von Moscheen, buddhistischen oder hinduistischen Tempeln sowie Meditationszentren. Auch ›religiös unmusikalische‹ Menschen erleben solche Orte oft als besondere Orte, suchen Räume dieser Art in dem Wunsch auf, für einige Zeit, und seien es nur Minuten, den Lärm der Stadt sowie das eigene innere Getriebensein hinter sich zu lassen und Ruhe und Stille zu genießen. »Ich gehe des Öfteren in eine Kirche, um Stille zu finden«, sagte eine Freundin, »und wenn dort auch noch andere Menschen sitzen und still sind, dann geschieht manchmal auch etwas zwischen uns, dann geschieht so etwas wie Kommunion, Verwandlung.«

Aufgrund von Mitgliederschwund, Nachwuchsmangel und Finanznöten werden christliche Kirchen mittlerweile aber immer häufiger geschlossen. Ihre Öffnungszeiten sind ohnehin oft begrenzt und an bestimmte Veranstaltungen wie Gottesdienste, Messen, Abendmahlfeiern gebunden. Diese Veranstaltungen werden aber von immer weniger Menschen besucht. So wirken christliche Kirchen manchmal wie Trutzburgen einer vergangenen Zeit, mit der viele nichts mehr verbinden, da sie nicht mehr christlich sozialisiert wurden. Und der Neugier darauf, einen solchen Raum vielleicht einmal zu betreten, sich darin zu bewegen und Erfahrungen damit zu machen, ist im wahrsten Sinne des Wortes meist ein Riegel vorgeschoben.

Seit einigen Jahren lassen sich aber auch gegenläufige Tendenzen feststellen und die christlichen Kirchen sind in vielen Städten neue Wege gegangen, um ihre sakralen Räume mehr zu öffnen und auch für ›kirchenferne‹ Menschen attraktiv zu machen. Zum Beispiel in Form von Citykirchen. Für Uwe Vetter, der seit 2003 Citypfarrer an der Johanneskirche in Düsseldorf ist, sind Citykirchen »Laborräume der Kirche (...) Dort werden neue Sprachen erfunden, um mit Menschen kommunizieren zu können, für die die tradierte christliche Sprache längst eine unverständliche Fremdsprache geworden ist«[27]. Inzwischen haben sich hier die vielfältigsten Modelle entwickelt. So gibt es Orte wie die CityKirche Elberfeld, die »unter einem Dach einen Raum der Kommunikation und Gastfreundschaft, der Spiritualität und Kultur bietet« (Flyer). Sie hat ein täglich geöffnetes Café mit direktem Durchgang in den hellen Innenraum, ein gottesdienstliches Angebot, das einen Minutengottesdienst am Samstagvormittag einschließt, sowie kulturelle Angebote in Form von Ausstellungen, Konzertabenden, Diskussionen und Theateraufführungen. In einer nicht weit davon entfernt gelegenen katholischen Kirche finden mittags regelmäßig künstlerische Darbietungen statt. Die Johanneskirche in Düsseldorf versteht sich als offene Kirche, nicht nur im Sinne stets geöffneter Türen, sondern auch von ihrem Angebot her: Es finden Managertagungen statt, Diskussionsrunden über ethische Grundlagen wirtschaftlichen Handelns und Vortragsreihen zum Thema Theologie und Ökonomie.[28] Und es gibt Kirchen wie die »Kirche der Stille« in Hamburg-Altona (Abb. S. 68), die nach einem Umbau als reiner ›Ort für Stille und Meditation‹ wieder geöffnet wurde, an die Tradition der christlichen Kontemplation und Meditation anknüpft, aber auch neuen spirituellen Wegen Raum bietet. Ihr Angebot umfasst morgendliche und abendliche Meditationen, und von mittags bis zum frühen Abend ist sie als ›Offene Kirche der Stille‹ geöffnet.

Diese nur wenigen Beispiele mögen genügen, um die vielfältigen Bemühungen der christlichen Kirchen zu skizzieren, im städtischen Raum christliche Spiritualität lebendig zu halten oder wieder lebendig werden zu lassen und Kirchen als sakrale Räume zu erhalten. In fast jeder größeren Stadt sind solche Ansätze zu finden. Für Uwe Vetter sind sie für die Existenz von Kirche bei uns ›überlebenswichtig‹ und er zitiert einen Kollegen: »In den Städten entscheidet sich das Schicksal der Kirche.«[29] Warnend deutet er in diesem Zusammenhang auf die Situation in unserem Nachbarland Holland.

»Dort hat man vielfach gesagt, ›lass fahren dahin‹. Eine alte markante Kirche nach der anderen wird jetzt in ein Appartementhaus oder Supermarkt umgewandelt. Desaströs. Die holländische Kirche, die calvinistische Kirche verliert ihr öffentliches Gesicht und zieht sich zurück auf kleine fromme Gemeinschaften, die einfach keine Schnittstelle mehr haben zur modernen Stadtbevölkerung. Keine Attraktivität. Keine Sprache. Keine Formate. Das ist wirklich ein tragischer Weg.«[30]

Ein tragischer Weg mit tragischen Folgen nicht nur für Christen, denn nichts brauchen wir weniger als immer neue Supermärkte und wenig brauchen wir mehr als Räume der Stille, traditionsgesättigte Kraftorte, in denen Ruhe und Besinnung, Ahnungen von der transzendenten Dimension des Lebens oftmals leichter möglich scheinen als in Fußgängerzonen oder Einkaufszentren.

Doch ist das nicht alles Gerede von vorgestern? Sind Shoppingcenter als ausgeklügelte Inszenierungen von Erlebniswelten mittlerweile nicht längst selbst Stätten einer neuen Religion oder neuer Religionen – den Marken – und damit in gewisser Weise auch religiöser Erfahrungen geworden? Wäre es nicht letztlich konsequent, aus Kirchen Shoppingcenter zu machen? Sind nicht die traditionellen Orte religiöser Erfahrung im Konkurrenzkampf um Erlösungsversprechen den Shoppingcentern hoffnungslos unterlegen? Als iGod wird der schwer erkrankte Apple Chef Steven Jobs in der Presse vielfach bezeichnet; er ist der Gründer der neuen Religion Apple, deren Tempel die Apple-Stores oder die virtuellen Internetplattformen oder Facebook-Seiten sind, deren Gemeinde aus iPhone- und iPad-Nutzern besteht, eine Religion, die Gemeinschaft, Zugehörigkeit, Auserwähltheit und Glück verspricht – das Paradies auf Erden – und dafür nur eins verlangt: Markentreue, denn: Du sollst keine anderen Götter neben mir haben! So wie Apple gibt es viele neue Religionen, die sich unter dem Dach der Shoppingcenter zusammenfinden und um das Geld und die Aufmerksamkeit der Suchenden konkurrieren.

Auf YouTube ist seit einiger Zeit ein Video zu sehen, auf das es bereits mehr als 33 Millionen Zugriffe gab.[32] In der Art eines flash mobs inszeniert, zeigt es, wie nach und nach im gut besuchten Essensbereich eines Shoppingcenters Menschen beginnen, das Halleluja aus dem Messias von Händel zu singen. Dazu ertönt Orgelmusik. Zunächst sieht man eine Frau singen und dabei ihr Handy als Mikro benutzen, dann fällt ein Mann ein und steigt dazu auf einen Tisch. Immer mehr stimmen ein, bilden eine Art Kreis und schauen einander an. In der Mitte sitzen Leute beim Essen und gucken fasziniert, was sich da um sie herum tut, oder schließen sich an. Am Schluss recken alle zum Halleluja die Arme in die Höhe. Wie gern möchte man sich dort einreihen und Teil dieser im gemeinsamen Singen vereinten Gruppe sein, und eigentlich ist man es ja auch, so vor dem Bildschirm hockend, und leitet gern den Link weiter, damit sich noch andere anschließen können. Ein wunderbares Bild für spontan entstehende spirituelle Gemeinschaftserfahrungen, aber sicherlich auch nicht zufällig in einem Shoppingcenter inszeniert.

»Shopping Malls sind Sehnsuchtsorte, sind säkular-religiöse Kult- und Ritualorte der Nachmoderne. Ihr Kultus und ihre Rituale versuchen den ganzen Menschen anzusprechen und ihm eine Art Lebensverstärker zu sein, der alle seine Sinne und Bedürfnisse zu befriedigen verheißt. Es sind Orte, die gar Segenserfahrung versprechen. Was sich in den Shopping Malls ausspricht, ist die nachmoderne Konstruktion einer säkularen Religion für ein geistliches Prekariat. Die Dekonstruktion des Subjekts und der Tod sind die Angst machenden Gespenster der Nachmoderne. Niemand möchte an seine eigene Verletzlichkeit oder Zerbrechlichkeit oder seinen Tod erinnert werden. Die Unsicherheit über die eigene Identität wird an diesen Orten durch die Versicherung aufgefangen, dass durch den Kauf von Waren jede Identität zu erlangen sei.«[32]

Als ich vor Kurzem in Istanbul in dem nicht touristischen Stadtteil Fatah an einem ganz normalen Werktag längere Zeit das überaus lebendige Treiben um eine Moschee beobachtete, gab mir das eine leise Ahnung davon, dass Religionen und ihre sakralen Orte auch für Städter in gewisser Weise Lebensmittelpunkt sein können. Eine solche Rolle haben sie bei uns längst abgetreten – zum Teil an die neuen Religionen und deren sakrale Räume in den Shoppingcentern oder Flagstores. Ich stelle mir manchmal vor, in jedem größeren dieser Center gäbe es einen Raum der Stille, einen freundlichen hellen Raum, der bis auf einige Sitzgelegenheiten leer wäre. Ob er menschen-leer bliebe, weil die Menschen hier mit ihrer Sehnsucht vollkommen andere Wege gehen, solche, die an einem Raum der Stille meilenweit vorbeiführen – keine Ahnung. Einen Versuch wäre es wert.

Aus den steinernen Wüsten der alten und neuen Kirchen und Kathedralen wieder hinaus ans Licht werden im nächsten Kapitel ganz andere, nämlich grüne Orte als mögliche spirituelle Erfahrungswelten in den Blick genommen.

DIE RÜCKKEHR DER GÄRTEN IN DIE STADT

Jede Stadt hat ihre Grünflächen, Parks, Wiesen, Botanischen Gärten, Schrebergärten, die sich zum Auftanken, Meditieren oder entspannten Verweilen wunderbar eignen – und sie hat ihre Brachen, ›ungenutzte‹ Orte, die sich die Natur nach und nach zurückerobert. Diese Brachen, von Stadtplanern oft nur als Areal künftiger Bebauung betrachtet, sind für eine wachsende Bewegung von Menschen aus ganz anderen Gründen interessant, kommen sie doch vielleicht als Orte für urbane Landwirtschaft, mobile Gärten, Guerilla Gardening, Nachbarschaftsgärten, Gemeinschaftsgärten oder Interkulturelle Gärten infrage. In vielen Städten gibt es mittlerweile Initiativen und Gruppen, die auf diese Weise neue Formen kreativen gemeinschaftlichen Tuns im Umgang mit natürlichen Ressourcen erproben. Und in diesen Formen findet sich meines Erachtens ein überaus fruchtbarer Nährboden für eine neue Sicht der Stadt, für spirituelle Stadtpraxis, ermöglichen sie doch vielfältige Erfahrungen mit Achtsamkeit, Offenheit, Anteilnahme und Verbundenheit, und zwar in einer für uns in der Stadt Lebenden im Allgemeinen ungewohnten Weise. Und sie sprechen Menschen an und bringen sie mit diesen Aspekten in Kontakt, die sich vordergründig für Spiritualität gar nicht interessieren.

Wenn Sie sich für diesen Bereich interessieren: Unter dieser Adresse finden Sie Blogs, Foren und Gärten mit eigener Website – www.anstiftung-ertomis.de

Richtig in Berührung gekommen bin ich mit diesen neuen Formen städtischen Gärtnerns erst im Frühjahr 2010. Damals bat mich Christa Müller, Geschäftsführerin der Stiftungsgemeinschaft *anstiftung & ertomis,* die seit Jahren in diesem Bereich tätig ist, um einen Beitrag zum Thema spirituelle Stadtpraxis für ihr Buch *Urban Gardening. Über die Rückkehr der Gärten in die Stadt.*[33] Einmal für dieses Thema sensibilisiert, entdeckte ich auf einmal erstaunlich vielfältige Zeichen dieser Rückkehr: in den von Anwohnern liebevoll bepflanzten und gepflegten Kübeln auf Bürgersteigen, den kleinen, neu angelegten Gärtchen in Hinterhöfen, der bunten Wildnis größerer Brachen, dem Blühen ungewöhnlicher Blumensorten auf Mittelstreifen und eben den Projekten, bei denen in größerem Stil gemeinschaftlich gegärtnert und zum Beispiel Gemüse angebaut und auch verkauft wird. Oder Migrantinnen und Migranten, die in ›Interkulturellen Gärten‹ gemeinsam Obst, Gemüse und Blumen anbauen, Kontakte knüpfen und Freundschaften pflegen. Ich fragte Christa Müller, ob man hier bereits von einer Bewegung sprechen könne, wie sie zu verorten sei und welche Aspekte in ihr zum Tragen kämen.

»Man kann durchaus von einer neuen kleinen sozialen Bewegung sprechen, denn die urbanen Gemeinschaftsgärten entfalten eine starke öffentliche Wirkung und in ihnen werden unterschiedliche gesellschaftlich relevante Themen verhandelt und zugleich in praktisches Handeln umgesetzt: Die GärtnerInnen bauen z.B. lokale Nahrungsmittel an, gerne auch alte, lokal angepasste und resistente Sorten. Damit werden nicht nur neue Geschmackserlebnisse ermöglicht, sondern damit wird auch ein Beitrag geleistet zum Erhalt von Sortenvielfalt und Ernährungssouveränität – und auf diese Weise ein Konterpunkt zum globalen Markt gesetzt, der durch die Kommerzialisierung und Monopolisierung einiger weniger Hybridsorten die Abhängigkeit vom Kaufen beständig zu vergrößern trachtet. Die Produktion von klimaneutralem Local Food ist außerdem ein sinnlicher und zugleich hoch politischer Beitrag zu den Erfordernissen einer postfossilen Ökonomie und einer Postwachstumsgesellschaft.

In den Gärten wird auch explizit Politik gegen die Verwerfungen der globalen Nahrungsmittelproduktion gemacht. Merkmal der ›Generation Garten‹ ist neben ihren neuen Ethiken ein breit gefächerter Pragmatismus. Viele, gerade auch jüngere StadtbewohnerInnen wollen gemeinsam etwas tun, einen Ort verändern, Spuren hinterlassen, und vor allem: etwas Sinnvolles anfangen mit der Zeit, und dies unter geistigem *und* körperlichem Einsatz. Die Suche nach ganzheitlicher Erfahrung, nach Sinn und nach Vergemeinschaftungsformen, die kompatibel sind mit dem in westlichen Gesellschaften erreichten Individualisierungsgrad, lassen sie die Stadt als Lebensraum neu entdecken.«

Inwieweit verändert sich dadurch auch die Stadt, der urbane Raum, jenseits dessen, dass es grüner wird?, frage ich.

»Die Stadt verändert sich auch durch die Wahrnehmung und die Handlungen ihrer BewohnerInnen. Die jüngere Raumtheorie geht davon aus, dass Stadträume keine leeren Container sind, die Planer lediglich mit Straßen oder Shopping Malls zu ›füllen‹ haben. Städte werden vielmehr als netzwerkartige soziale Räume analysiert, die erst durch Handlungen (kognitiv) erzeugt werden, wie die Stadtsoziologin Martina Löw sagt. Wenn das zutrifft, dann irritiert ein innerstädtischer Gemüsegarten oder eine urbane Landwirtschaft den Blick und fordert zu einer neuen Lesart von Stadt auf. Gärtnern in der Stadt ist auch eine symbolträchtige Intervention im öffentlichen Raum, der zurückerobert werden soll von der einseitigen Belagerung durch Kommerz, Beton und motorisierten Verkehr.
Der entscheidende Unterschied zur Schrebergartenkultur ist, dass der neue urbane Garten sich selbst nicht als Refugium jenseits des Städtischen begreift, sondern in einen Dialog mit der Stadt tritt und ihre Gestaltung auch mitbestimmen will. Urbane GärtnerInnen sind häufig Menschen, die sich der Stadtverwaltung als kompetentes Gegenüber präsentieren, die die Nachbarschaft in ihre Aktivitäten einbeziehen und die ein klares

Bild von einer grünen, partizipativen Stadtgestaltung von unten haben, in der die Lebensqualität aller im Vordergrund steht. Damit leisten urbane GartenaktivistInnen einen wichtigen Beitrag für ein neues, zutiefst demokratisches Verständnis von Stadt und Urbanität, in der Natur und Kultur aus der Polarität herausgenommen und in ein neues Verhältnis gesetzt werden.«

Eines der bekanntesten Projekte in diesem Bereich sind die Prinzessinnengärten in Berlin-Kreuzberg am Heinrich-Heine-Platz. Inzwischen mit dem *Utopia Award 2010* ausgezeichnet, wird hier seit 2009 auf einem Gelände von 6000 Quadratmetern soziale, ökologische und partizipative Landwirtschaft betrieben, und es ist ein Begegnungsort entstanden, »in dem Menschen unterschiedlichster Herkunft und Alters, aus den vielfältigen städtischen Lebensformen und Milieus zusammenfinden, sich austauschen, die Freuden der Gartenarbeit entdecken und gemeinsam entspannen« (http://prinzessinnengarten.

net). Ich trete durch eine rosa Pforte von der Straße her ein und habe sofort das Gefühl, in einer anderen Welt zu sein. Der Straßenlärm scheint mit einem Mal viel leiser geworden, fast verschwunden zu sein; Menschen arbeiten hier bei den Beeten, es wird gehämmert und gesägt, an einem Marktstand wird Gemüse verkauft, Kinder laufen umher, an Tischen sitzen Leute, trinken oder essen etwas und unterhalten sich. Und trotz all dieser Aktivitäten habe ich das Gefühl, es ist alles doch sehr viel entspannter und langsamer als ›draußen‹, keine 100 Meter entfernt, und das überträgt sich auch auf mich. Ich laufe etwas umher, schaue mich fasziniert um und staune, vor allem über die vielen verschiedenen Beete, übereinandergestapelt in Bäckerkisten, über die Anpflanzungen in Milchtüten oder alten Kannen. Es handelt sich hier um mobile Landwirtschaft, erfahre ich, mit einem transportablen Beetsystem. Dadurch können ganz schnell auch andere Orte in Gärten verwandelt werden, Orte, die vorher oft nur durch ihr Grau oder ihre Unscheinbarkeit auffielen: Parkplätze, Parkdecks, Hausdächer oder eben Brachen aller Art, die so, zumindest zeitweise, bis sie doch an einen Investor verkauft und bebaut werden, zu blühenden Gärten werden können.

Gründämmerung heißt eine 2010 erschienene, von der Stiftungsgemeinschaft produzierte DVD, auf der vier urbane Gärten, unter ihnen auch die Prinzessinnengärten, vorgestellt werden. Die beiden Initiatoren des Projekts betonen in dem Film, wie grundlegend das Konzept der Offenheit für sie sei und dass sich das Projekt nicht abgrenzen wolle von der Stadt, sondern mit ihr in einer lebendigen Interaktion stehe und sich in einem offenen Prozess ständig weiterentwickle. Es gebe so viele Möglichkeiten, sich anzuschließen, mitzumachen, die Grünflächen als Orte der Ruhe und Entspannung oder der Begegnung zu nutzen oder eigene Projekte zu verwirklichen. Für manche Migrantinnen sei ein wichtiger Anknüpfungspunkt, dass sie in ihrer Heimat auf dem Land gelebt, dort oft Gärten gehabt und Gemüse angebaut hätten. Sie könnten hier an etwas Vertrautem anknüpfen und fänden sich auf einmal in der Rolle von gefragten Expertinnen wieder.

Auf dem Gelände ist auch ein Restaurant geplant, um die Produkte zu verkochen oder einzumachen, um den ganzen Kreislauf an diesem Ort zu haben, von der Kompostierung, dem Säen, Pflegen, bis zum Ernten, Kochen und Verspeisen. Man will das Bewusstsein schärfen für die Qualität von Lebensmitteln, will alle Aspekte des Kreislaufs zusammenbringen und konkret erfahrbar machen, dass das alles zusammengehört. Man möchte damit auch Menschen erreichen, denen bisher solche Aspekte eher fremd geblieben sind, nicht zuletzt deshalb, weil sie sich Bio-Produkte gar nicht leisten können. Und von denen gibt es hier, an dieser Ecke Kreuzbergs, viele.

Dass auch im Bereich der Nahrungsmittelproduktion und Ernährung alles zusammenhängt, ist eine Erfahrung, die uns in der Stadt selten als konkret lebendige Erfahrung zuteilwird. Wissen doch manche Kinder schon nicht mehr, wie eine Kuh aussieht, geschweige denn, wie sie riecht oder sich ihr Fell anfühlt, und dass Milch ursprünglich nicht aus einer Tüte kommt. Und was weiß ich selbst noch? Doch in den letzten Jahren haben diese Fragen vermehrt Aufmerksamkeit erhalten, wovon sowohl der Boom der Biomärkte und die wachsende Zahl der Regale mit Bioprodukten bei den Discountern zeugt als auch die Diskussionen um vegetarische oder sogar vegane Lebensweisen. Solche Diskussionen finden gegenwärtig nicht mehr nur in kleinen Zirkeln, sondern in einer breiteren Öffentlichkeit statt, nicht zuletzt aufgrund einer steigenden Bewusstheit für die ökologischen Folgen der Massentierhaltung, einer stärkeren Sensibilisierung für das Leid der Tiere in diesem Kreislauf, aber auch der vielen Skandale um verseuchte Futtermittel usw. Ökologisch nachhaltig produzierte Lebensmittel zu konsumieren ist für viele zumindest Anspruch und Leitbild geworden. Allerdings kommt eine Allensbach-Studie (Januar 2011) zu dem ernüchternden Ergebnis, dass zwar die meisten Menschen hierzulande gern hochwertige und ökologisch nachhaltig produzierte Lebensmittel essen würden und sehr für Umweltschutz sind, doch der Trend, möglichst billig Lebensmittel einzukaufen, unvermindert anhält – quer durch alle Bevölkerungsschichten. Ein Sprecher, der die Studie in den Nachrichten vorstellte, sprach von einem geradezu ›bizarren Verhalten‹. Es verdanke sich der Tatsache, dass wir jedes Gefühl für Lebensmittel verloren hätten und nur noch auf die Verlockungen von Verpackungen reagierten.

Achtsamer zu essen, schließt inzwischen sehr viel mehr Dimensionen ein, als nur beim unmittelbaren Essensvorgang gegenwärtig und bewusst zu sein. Es beinhaltet ein Gewahrsein für den gesamten Kreislauf und dessen Bedingungen. Für spirituelle Lehrer wie Thich Nhat Hanh umfasst allerdings bereits diese Gegenwärtigkeit auch all die anderen Dimensionen. So heißt es in den *Fünf Betrachtungen zum Essen:*

> *Die erste Betrachtung:* Diese Nahrung ist ein Geschenk des gesamten Universums, der Erde, des Himmels und viel harter, liebevoller Arbeit.
>
> *Die zweite Betrachtung:* Mögen wir dieses Geschenk in Achtsamkeit und Dankbarkeit empfangen.
>
> *Die dritte Betrachtung:* Mögen wir unsere unheilsamen Geisteszustände erkennen und transformieren, insbesondere unsere Gier.
>
> *Die vierte Betrachtung:* Mögen wir unser Mitgefühl beim Essen nähren, sodass wir das Leiden aller Wesen vermindern, unsere Erde schützen und den Prozess der globalen Erwärmung umkehren.
>
> *Die fünfte Betrachtung:* Wir akzeptieren dieses Essen, sodass wir unsere Sangha nähren, unsere Schwesterlichkeit und Brüderlichkeit stärken und unser Ideal verwirklichen, allen Menschen zu helfen.[34]

DAS LEBEN IN DER HAND HALTEN

Urbane Gärten machen aus bloßen Konsumenten von Lebensmitteln auch deren Produzenten. Sie eröffnen damit für die meisten von uns vollkommen neue Erfahrungs- und Wissensräume. Das erfordert Offenheit, Offenheit, sich mit allen Sinnen für diese neuen Welten zu öffnen. Achtsam und nachhaltig gilt es mit der Erde umzugehen, sich immer wieder einzulassen auf das, was vorhanden ist – und bei mobilen Gärten kann das immer wieder schnell etwas ganz Neues sein. Das fördert natürlich auch das Loslassen ungemein, das Loslassen lieb gewonnener, vertrauter Orte und Bedingungen! Gartenarbeit bedeutet zudem, sich immer wieder einzulassen auf ein Tempo, eine Geschwindigkeit, die am wenigsten von uns bestimmt wird, denn das Wachsen und Reifen einer Pflanze hängt zuallerletzt von unserem Wollen ab, und unter Zeitdruck setzen lässt sie sich nicht. Aber sie kann uns lehren, geduldiger zu werden, langsamer auch und das wertzuschätzen, was ist, auch das ganz Zarte, und nicht immer auf das zu schielen, was daraus am Ende werden soll. Beim Umgraben, Unkrautzupfen, Früchte- oder Gemüseernten erfahren wir auf eine konkret-sinnliche Weise, dass wir im Lebendigen verankert sind, haben es ›in der Hand‹, uns unserer Wurzeln zu versichern.

Als Stadtmenschen wagen wir uns an einen Umgang mit den Elementen Erde, Wasser, Luft und Feuer, und das ist für viele ziemlich unvertraut. Das Wühlen in der Erde oder das Entfachen eines Feuers, um Äste und Zweige zu verbrennen, das lässt viele eher an vergangene Kinder- und Jugendzeiten denken, als dass es zu den alltäglichen Erfahrungen von vielen Erwachsenen in der Stadt zählt (für Eltern kleiner Kinder mag das anders sein). Sich auf diese Erfahrungsebene (wieder) einzulassen wird von vielen Menschen als geistig-körperlich sehr heilsam und wohltuend erlebt. Für den tibetisch-buddhistischen Meditationsmeister Akong Rinpoche ist der Umgang mit den Elementen so grundlegend, dass er das Sich-Üben darin zu einem wichtigen Bestandteil des von ihm entwickelten Tara Rokpa-Prozesses gemacht hat, eines Übungswegs, der Elemente westlicher Psychotherapie mit Elementen des Buddhismus verbindet und eine Brücke zwischen persönlichen Erfahrungsebenen und einer säkularen Spiritualität schlägt.

Für Akong Rinpoche ist die mangelnde Vertrautheit mit den Elementen eine Ursache für die fehlende Ausgewogenheit und Balance vieler Menschen im Umgang mit sich und mit der Außenwelt, für das Empfinden, gerade von Menschen aus der Stadt, nicht im Lebendigen verankert und von ihm getragen zu sein, sondern ›verkopft‹ und ›sich abgetrennt fühlend‹ durchs Leben zu gehen.[35]

Gärten bieten ›von Natur aus‹ einen idealen Rahmen, die Elementhaftigkeit der Welt und der eigenen Person konkret zu erfahren, stellen sie doch alle Elemente dafür zur Verfügung und machen Experimente mit ihnen leicht möglich. Allein schon durch die sinnliche Erfahrung, durch den bewussten, achtsamen Umgang mit den Elementen kann uns eine Tiefendimension zugänglich werden, die uns auf das verweist, was wir sind: Teile eines unteilbar Ganzen. Dazu ist kein Rekurs auf spirituelle Konzepte über die Beschaffenheit der Welt nötig, dazu reicht es, voll Bewusstheit in der Erde zu wühlen.

Und um unser aller wechselseitige Abhängigkeit zu begreifen, reicht es, das Werden, Wachsen und Vergehen im Garten, in der Natur bewusst wahrzunehmen. Thich Nhat Hanh verwendet oft das Bild von Abfall/Kompost und blühender Rose, um dieses Prinzip zu illustrieren. Aus dem Abfall/Kompost, aus dem Stinkenden, Verrotteten, Sich-Auflösenden, wird einmal eine wunderschöne Rose erblühen, die sich dann ihrerseits wieder verwandelt usw. Das ist nur möglich, weil nichts aus sich selbst heraus existiert, nichts ein unabhängiges Selbst besitzt. Die Wolke wird zu Regen, der auf die Erde herabfällt, den Boden nährt, die Flüsse speist und wieder zur Wolke wird. Das Leben manifestiert sich in den unterschiedlichsten Formen und wandelt sich fortwährend. Formen entstehen, verweilen und vergehen. Der Garten führt uns den Wandel, die Vergänglichkeit, der alles, auch wir selbst, unterworfen sind, auf ›gnädige‹ Weise vor Augen, denn jede Jahreszeit hat ihre eigene Schönheit.

Die neuen urbanen Gärten sind in meinen Augen ein überaus fruchtbares, städtisches Biotop für meditatives, spirituelles Erleben. Sie lassen uns das Leben in seiner Ganzheit erfahren sowie die allem zugrunde liegende Verbundenheit und sie lassen uns damit experimentieren. Erlebbar wird Verbundenheit mit der Natur, Verbundenheit mit anderen Menschen, Menschen, die einem vielleicht zunächst fremd sind, die man sich unter Umständen gar nicht freiwillig ausgesucht hat, die nicht zum vertrauten Freundeskreis gehören, sondern mit denen man, aus welchen Gründen auch immer, die Verantwortung für ein Stück Erde teilt. Gärten dieser Art erfüllen die Sehnsucht, in der Stadt und auf dem Land gleichzeitig zu sein, inmitten der lärmenden, hektischen Stadt ein Refugium zu haben, in dem eine andere Ordnung und Zeit herrscht, und etwas davon dann mitzunehmen bei

der Rückkehr, bis eines Tages möglicherweise die Grenzen gänzlich verschwunden sind.

Von einem grünen Refugium ganz anderer Art kündet Sylvia Wetzels Empfehlung:

DAS ERWEITERTE WOHNZIMMER

Sylvia Wetzel, Meditationslehrerin

Viele Leute leben gern in der Stadt und vermissen doch auch das Land ein wenig. Wenn Sie auch dazugehören, habe ich folgenden Rat. Suchen Sie sich ein Stück Park und besuchen Sie dieses Fleckchen Erde zu jeder Jahreszeit. Nach einer Weile werden Sie sich dort zu Hause fühlen und es wird zu Ihrem erweiterten Wohnzimmer. Sie können im Frühling einen Klappstuhl mitbringen und im Sommer den Liegestuhl. Sie können sogar Veilchen pflanzen oder Rucola. Ich habe ein ganzes Buch im Frankfurter Grüneburg-Park übersetzt. Ich saß im Schneidersitz auf einer Wolldecke, und als Tisch für den PC diente ein Schuhkarton. Noch heute kommen mir Bilder vom Grüneburg-Park, wenn ich dieses Buch zur Hand nehme. Es war *Das Wunder der Achtsamkeit* von Thich Nhat Hanh.

AUCH DAS LEIDEN GEHÖRT DAZU

»Wenn ein Gott diese Welt gemacht hat, so möchte ich nicht der Gott sein: Ihr Jammer würde mir das Herz zerreißen.«
Artur Schopenhauer

UND ÜBERALL IST WUPPERTAL

Als Erstes ist es immer der Geruch, der mir in der langen Tunnelunterführung, die den Wuppertaler Hauptbahnhof mit der Fußgängerzone verbindet, entgegenschlägt. Ein Gemisch aus Döner, Bratwurst und ranzigem Fett, Alkohol aus zerbrochenen Flaschen, Urin und weiteren undefinierbaren Gerüchen. Dann registriere ich, dass an den Seitenwänden wieder mehr eingelassene Vitrinen leer sind als noch beim letzten Mal, oder sie sind wie immer verstaubt, die Werbeplakate und Fotos ausgeblichen und schief hängend. Vor allem evangelikale oder sonstige christliche Sekten werben hier mit martialischen Bibelzitaten um Aufmerksamkeit. Männer und auch gelegentlich Frauen mit Bierflaschen in der Hand, lautstark in Gruppen debattierend oder vereinzelt vor sich hinschimpfend säumen den Weg durch die Unterführung.

Wuppertal, die ›Perle des Bergischen Landes‹, die Geburtsstadt Friedrich Engels und Else Lasker-Schülers, die Stadt mit der bis vor wenigen Jahren als sicherstes Verkehrsmittel der Welt geltenden Schwebebahn, die Stadt, der Pina Bausch mit ihrer Tanzcompagnie bis zu ihrem Tod die Treue hielt – diese Stadt ist mittlerweile zum Synonym für das Schicksal vieler Städte geworden. Denn Wuppertal ist pleite, hat 1,8 Milliarden Euro Schulden und weiß sich nicht anders zu helfen, als neben fünf Schwimmbädern, zwei Stadtteilbibliotheken und einigen Schulen auch das Schauspielhaus zu schließen und den Kulturetat um ein Drittel zu kürzen. Die Proteste gegen diese Schließung, die eigentlich eine Nichtwiedereröffnung ist, da das Theater wegen dringender Renovierungsarbeiten bereits seit einem Jahr geschlossen ist, haben Wuppertal in die Schlagzeilen und den Immobilienmarkt der Stadt ins Rutschen gebracht. Und doch ist Wuppertal kein Einzelfall, »denn Wuppertal ist längst überall. Ein Defizit von zwölf Milliarden Euro werden die deutschen Städte und Gemeinden im Jahr 2010 anhäufen; ihre Ausgaben für Soziales haben sich seit 1992 auf 40 Milliarden Euro verdoppelt; aus der wichtigsten Einnahmequelle, der Gewerbesteuer, sprudelten im vergangenen Jahr aber 17 Prozent weniger als 2008«[36].

Seit Jahren bin ich nicht mehr im Zentrum des Stadtteils gewesen, in dem ich geboren wurde – in Barmen. »In Barmen wohnen die Armen, in Elberfeld, die haben Geld«, so ein geflügeltes Wort, das ich seit meiner Kindheit kenne. Natürlich ist das viel zu grob gerastert, wie die vielen alten, gepflegten Villen in Barmen beweisen, vormals bewohnt von den großen Fabrikanten, die Wuppertals Ruf als Stadt der Textilien, Farben und Lacke geprägt haben. Und auch heute stehen sie nicht leer, sind bis auf wenige Ausnahmen (das Friedrich-Engels-Haus, der Skulpturenpark auf dem Gelände der ehemaligen Kurt-Herberts-Villa) auch keine Museen, sondern Häuser, in denen Menschen leben, die es sich leisten können. Geht man dagegen durch die Fußgängerzone in Barmen, kann einen schnell das Gefühl beschleichen, in einer vollkommen anderen Welt zu sein, einer Welt der Armut, in der sich viele Menschen nicht mehr viel leisten können außer Handys, 1-Euro-Sachen, Backwerk, das man sich selbst aus den Regalen nimmt und eintütet, Billigschuhen, -taschen und -klamotten, Frisuren für höchstens 10 Euro, und in einer Welt, in der viele Menschen oft krank sind, denn es gibt eine erstaunliche Anzahl von Apotheken. Und viele, viele leere Läden, denen man ansieht, dass sie schon lange leer stehen, und es scheinen immer mehr hinzuzukommen. Von der »Unwirtlichkeit der Städte« sprach Alexander

Mitscherlich schon 1965, hier wird sie offenbar. Als Konsumzonen konzipiert, in denen die Kauflust flanierender Passanten, unbehelligt vom Autoverkehr, Stimulation und Befriedigung finden sollte, werden sie als deprimierendes Ödland zu Zeichen eines Niedergangs und einer innenstädtischen Verwahrlosung, deren Ende noch längst nicht abzusehen ist. Denn die Verschuldung der Städte und Kommunen nimmt zu. Und die Armut. Ich setze mich mit einem Kaffee vor einen der Backshops und sehe mit wachsendem Schrecken, wie viele Menschen, gerade ältere mit Tüten oder Taschen herumlaufen und in den Mülleimern nach Wiederverwertbarem Ausschau halten. Aber es sind auch viele Jüngere, die das tun. Auch Mütter, die ihre Tüten an den Kinderwagen gehängt haben. Manche nähern sich den Mülleimern sehr beiläufig, um dann in einer blitzschnellen Aktion den Inhalt zu durchsuchen. Andere sind da ganz offen und gehen direkten Schrittes auf einen Container zu. Die Schere zwischen Arm und Reich geht seit Jahren immer weiter auseinander. Immer mehr Menschen sind auf Transferleistungen angewiesen. Kinderarmut, die Armut Alleinerziehender wächst, ebenso wie der Reichtum eines kleinen Teils der Bevölkerung. Und die Städte sind bankrott. Dass all dies den gesellschaftlichen Zusammenhalt gefährdet, ist bekannt. Oft sind das schnell wieder vergessene Schlagworte. Setzt man sich eine Stunde lang in die Einkaufszone einer Stadt wie Wuppertal oder streift in ihr umher, kann man viel von der Realität dieser Schlagworte erfahren.

VON DER ALLGEGENWÄRTIGKEIT EINES PHÄNOMENS

Doch meist haben wir gar keine Zeit und Lust, uns übermäßig mit einem Phänomen zu konfrontieren, das wohl nirgends so offenkundig und augenfällig ist wie in der Stadt, vor allem in der Großstadt: dem Leiden. Im öffentlichen Raum ist es vor allem das Leiden in Form von Armut, Obdachlosigkeit, Verwahrlosung, Alkoholismus, Drogensucht, Gewalt, Einsamkeit. Letztlich ist das Leiden allgegenwärtig, doch oft spielt es sich hinter geschlossenen Wohnungstüren und -fenstern ab und erfüllt so eine wichtige Forderung, die wir an das Leidvolle haben: Es möge unsichtbar, unhörbar, unriechbar sein und uns möglichst wenig behelligen. Obdachlose, Bettler, Drogenabhängige werden an vielen öffentlichen Orten nicht geduldet, sie werden vertrieben aus Bahnhöfen, den Eingangsbereichen von Hotels oder öffentlichen Orten wie Museen, Kirchen, Konzerthallen, damit Touristen sich nicht belästigt fühlen und den Eindruck gewinnen könnten, in der Stadt gäbe es nicht nur touristische Attraktionen und urbanes Flair der angenehmen Art, sondern auch Not und Elend. Doch auch die Routinen, mit denen wir uns durch unser Alltagsleben und durch die Stadt bewegen, schließen meist gewisse Vorkehrungen ein, möglichst wenig damit konfrontiert zu werden. Und so laufen wir vielfach mit Scheuklappen und Tunnelblick durch die Gegend, wenden uns ab, wenn wir mit etwas Leidvollem konfrontiert zu werden drohen, schauen krampfhaft zur anderen Seite, wenn sich uns jemand mit einer der inzwischen recht zahlreich gewordenen Straßenzeitungen nähert, oder machen kleine Umwege, um nicht direkt an dem jungen Mann vorbeizugehen, der uns auf einer Decke sitzend, neben sich ein Schäferhund, einen Plastikbecher entgegenhält. Oder wir blicken auf den Boden, wenn sich uns ein nach unseren Maßstäben verwahrloster Mensch schwankend nähert, oder halten den Blick auf unser Buch gesenkt, wenn uns in der U-Bahn jemand ein Schild mit krakeligen Buchstaben und eine Büchse entgegenhält.

VOM TAI-CHI LERNEN

In der Tai-Chi-Praxis fühlen wir uns weich, durchlässig, fließend, wie die Bewegungen, die wir üben; spüren, wie Körper und Geist verbunden sind; der offene, weite Blick darf alles aufnehmen, ohne zurückweisen zu müssen; das Gefühl für die eigene Mitte wächst – eins, nicht getrennt von den anderen. Auf der Straße, im Kaufhaus, in der S-Bahn senkt sich der Blick wieder schnell, möchte die Überfülle nicht wahrnehmen. Der Geist wehrt sich gegen die Geschwindigkeit, die Hast, möchte die Eckigkeit der anderen, ihre Spannungen lieber meiden. Der Körper erinnert sich: Die Füße bleiben sicher auf dem Boden, der Gang verliert seine Ruhe nicht, ist zentriert. Die Aufmerksamkeit setzt wieder ein, hilft auszuweichen, wo es nötig ist, lässt innehalten. Es ist doch möglich, sich nicht abzuschließen von dem Obdachlosen, der wieder die Tür aufhält und die Hand, und Freude über den Kontakt mit dem neuen, türkischen Gemüsehändler auf der Brücke zu empfinden ...

Monika Mewes, Tai-Chi-Lehrerin

Das Wegsehen, Ignorieren und Dranvorbeischauen gelingt mit der Zeit immer selbstverständlicher und automatischer, wird zu einer starken Gewohnheitsenergie. Doch damit verbunden ist immer auch eine Art Realitätsverleugnung, die als körperliche Anspannung und Erstarrung wahrnehmbar ist. Der Körper schaltet in einen gewissen Hab-Acht- und Abwehr-Modus und bleibt darin gefangen, auch wenn die Situation selbst schon lange vorbei sein mag. Es ist sehr erhellend, bei der U-Bahn-Fahrt oder beim Gang durch eine Fußgängerzone die Automatismen der eigenen Abwehrmaßnahmen immer wieder einmal wahrzunehmen und körperlich zu spüren. Zu untersuchen: Wann schaue ich weg, wende mich ab, welche körperlichen Empfindungen sind damit verbunden? Was fühle ich dabei? Und was geschieht, wenn ich einfach mal hinschaue, nicht den Blick abwende, nicht zu Boden sehen? Was passiert dann ...

DAS EINE LEBEN EHREN

Ursula Baatz, Religionsphilosophin

Sie sitzen am Gehsteigrand an die Hausmauer gepresst oder stehen vor einem und halten die Hand hin, in abgeschabter Kleidung oder zerfetzten Hosen mit eingefallenen Wangen oder gepiercten Nasenflügeln oder auch Lippen, die blau sind von Methadon.

Es ist unangenehm, diese Hand zu sehen, und es ist genauso unangenehm, sie zu übersehen. Neben Unbehagen steigt vielleicht auch Wut auf, Abscheu und Gedanken wie: Die sollen was arbeiten, was geht mich das an, nicht schon wieder. Und dahinter ein tiefer Schmerz, wenn ich wahrnehme, wie mein eigenes sicheres Leben gefährdet ist – vielleicht morgen könnte das ich sein.

Flüchten ins Gehen, in die Vorwärtsbewegung, um die Bewegung des Gebens und Teilens abzuschneiden. Das ist die eine Möglichkeit. Oft bleibt da eine gewisse Empörung – als ob ich körperlich attackiert worden wäre.

Oder aber stehen bleiben – das ist nötig, um die Geldbörse aus der Tasche zu ziehen und der Gestalt etwas zu geben – hinwerfen? In die Hand drücken? In den Becher fallen lassen?

Und dann: das Gesicht, das Antlitz des anderen, das mich ansieht, hilflos, mit Zahnlücke und einzelnen Goldzähnen oder braunen Nikotinstummelzähnen.

Das Antlitz des anderen: Das ist die Antwort auf die Frage: Wer ist mein Nächster?, die ein Pharisäer Jesus stellt (Lukas 10,25–37). Und Jesus antwortet auf diese Testfrage mit der Geschichte vom barmherzigen Samariter.

Jesus antwortet also mit einer massiven Kritik an den herrschenden spirituellen Hierarchien, erstens, und zweitens mit quasi einer Gebrauchsanweisung: Der Samariter ist ja kein Jude, obwohl die Samariter historisch mit den Juden verwandt sind. Man muss also nicht rechtgläubig sein, um im Sinne Gottes zu handeln. Es reicht, wenn man sieht, was jemand, der in Not geraten ist, braucht.

Das Antlitz des anderen wahrnehmen und ehren: Dana, das Üben von Großzügigkeit ist die grundlegende aller buddhistischen Tugenden. Es ist eine Tugend, die nicht nur in ganz alltäglicher Form eine Praxis der Ich-Losigkeit ist, sondern auch eine Tugend, die manifestiert, dass mein Leben ein Moment des bedingten Entstehens ist – nur zusammen mit allen anderen, die mir begegnen, kann ich leben. Bettlern und Schnorrern etwas zu geben heißt, dieses ›eine Leben‹ zu ehren.

Der bekannte amerikanische Meditationslehrer Jack Kornfield lässt in seinem Buch *Nach der Erleuchtung Wäsche waschen und Kartoffeln schälen* eine Frau zu Wort kommen, die an einem Seminar mit Ram Dass teilgenommen hatte, das sich unter anderem damit beschäftigte, wie man dem Göttlichen im Mitmenschen begegnen könne. Diese Frau hatte mehrere Monate lang einem Obdachlosen täglich etwas Geld in seine Schale geworfen, aber nun festgestellt, dass sie ihn dabei niemals direkt angesehen hatte.

»Ich hatte riesige Angst davor, dass ich ihn nächste Woche schon auf meiner Wohnzimmercouch schlafen lassen würde, sobald ich ihm einmal in die Augen sehe.« Jack Kornfield fügt hinzu: »Zuerst hat man Angst. Wenn man offen auf den anderen zugeht, wie soll man nicht von dessen Leid überwältigt werden. Es bräche einem doch das Herz! Oder man fürchtet, alles aufgeben zu müssen, sich selbst inbegriffen. Aber das wird nicht verlangt. Gefordert ist unsere schlichte Aufmerksamkeit, ein Verständnis für die Freuden und Leiden unserer Geschwister. Wer dem Buddha in allen Wesen begegnet, weiß sich situationsangemessen zu verhalten.[37]

Aus eigenem Erleben weiß ich sehr genau, dass die Begegnungen mit Formen des Leidens eine große Herausforderung darstellen, nicht zuletzt, da sie uns mit sehr vielen intensiven Gefühlen konfrontieren: von der Angst, sich im anderen zu erkennen, der Angst vor der Überwältigung des berührbaren Herzens, dem Schmerz, der Wut, dem Ekel, der Hilflosigkeit. Sobald man, zumindest in bestimmten Gegenden, die Straße betritt oder mit öffentlichen Verkehrsmitteln fährt, hat man mit solchen Konfrontationen zu rechnen. Wenn man sich aber von diesen Gefühlen nicht mehr die Blickrichtung vorgeben lässt, eröffnen sich damit ganz neue Erfahrungshorizonte und Chancen für wirkliche, oftmals sehr überraschende Begegnungen. Allerdings ist es auch wichtig, sich nicht damit zu überfordern, sonst ist die eigene Risikobereitschaft schnell aufgezehrt. Spüren wir, dass wir dabei sind, uns im Leiden anderer oder unserem eigenen zu verlieren, wäre es unklug, das nicht anzuerkennen und uns, um irgendwelcher Ideale willen, dazu zu zwingen, die Blickrichtung beizubehalten. Die Aufmerksamkeit bewusst auf Freudvolles, Nährendes auszurichten ist genauso legitim und in anstrengenden Zeiten sogar überlebensnotwendig. In den Gesprächen im letzten Teil dieses Buches geht es immer wieder um hilfreiche Strategien in diesem Zusammenhang.

METTA-MEDITATION

In der buddhistischen Tradition gibt es eine sehr wirkungsvolle Übung, um Angst aufzulösen, das Herz zu öffnen und eine Begegnung mit dem Leiden zuzulassen. Es ist die Metta-Meditation. Metta, ein Wort aus dem Sanskrit und Pali, jenen Sprachen, in denen die Worte des Buddha erstmals niedergeschrieben wurden, bedeutet so viel wie Güte, Liebe, Wohlwollen; häufig wird Metta auch mit liebende Güte oder Herzensgüte übersetzt. Bei dieser Meditation wird meist mit einer Reihe von Wunschsätzen gearbeitet, die man still für sich spricht. Üblicherweise nimmt man dabei zunächst sich selbst als Adressat der guten Wünsche, dann Menschen, die man mag, dann Menschen, denen man neutral gegenübersteht, und schließlich auch solche, bei denen einem das sehr schwerfällt, weil man sie aus welchen Gründen auch immer ablehnt. Auch mit dieser Meditation kann man im städtischen Raum nach Herzenslust experimentieren.

Wunschsätze in der Metta-Meditation:
Mögest du glücklich sein.
Mögest du frei sein von inneren und äußeren Gefahren.
Mögest du gesund sein.
Mögest du unbeschwert durch deinen Alltag gehen.[38]

Oder:
Mögen alle Wesen glücklich sein.
Mögen sie frei sein von Leid und den Ursachen von Leid.

Oder:
Möget ihr frei sein von Schmerz.

Einige Menschen, mit denen ich über urbane Spiritualität sprach, nutzen solche oder andere Metta-Sätze im städtischen Raum. Diese Praxis kann Mitgefühl und das Gefühl der Verbundenheit stärken, ohne vom Leid überwältigt zu werden. Dem Verkäufer der Straßenzeitung, der Mutter, die an der einen Hand ein nörgelndes Kind und diverse Einkaufstaschen hat, mit der anderen einen Kinderwagen schiebt; der alten Frau, die, sich am Rollator mühsam festhaltend, versucht, über die belebte Straße zu gelangen, dem Mann, der mit vollen Tüten in der Hand in Abfalleimern nach leeren Flaschen, Essensresten oder sonstigem Brauchbarem wühlt – ihnen allen können wir unsere Metta-Wünsche schicken.

Die Meditationslehrerin Marie Mannschatz schließt ihre Kurse oft mit folgender geleiteter Mitgefühlsmeditation ab und ›entlässt‹ damit die Teilnehmenden zurück in den Alltag

Mitgefühlmeditation:
Mögen alle Wesen frei sein von Leid und den Ursachen von Leid.
Mögen alle Wesen geschützt sein vor Grausamkeit.
Mögen alle fühlenden Wesen schmerzfrei leben und unterscheiden lernen zwischen vermeidbarem und unvermeidbarem Leiden.
Mögen sie ihrem unvermeidbaren Schmerz gewachsen sein und Wege der Heilung finden.
Mögen sie erkennen, wie ihr eigenes Leid zum Erwachen genutzt werden kann.
Mögen alle bereit sein, sich über ihre Komfortzone hinaus zum anderen hinzustrecken.

Mögen sich alle gut aufgehoben fühlen, umsorgt und genährt, gesehen und verstanden, rundum geborgen im Mitgefühl.[39]

»The inhabitant asks: ›Are you mine for ever?
Do you share my dreams? Do you long for me?‹
In response the city exhales …
Longing for the happiness that is promises,
little do they know, that when a city breathes,
suffocating is bound to follow.«[40]

»Transition«: Edge of Arabia, Ausstellung in Istanbul 2010

DIE STADT IST EIN SPIEGEL

TEIL 2

AUCH NOTARZTDIENST IST SPIRITUELLE STADTPRAXIS

Wilfried Reuter

»In der Stadt kann ich mir viel weniger etwas vormachen. Phasen den Rückzugs in ein Kloster oder ein Landzentrum halte ich für wichtig, aber manchmal kann ich so auch den Eindruck entwickeln, etwas erreicht zu haben, was ich dann zu Hause oft gar nicht halten kann. Dieser Illusion vermag ich nicht so schnell verfallen, wenn ich in der Stadt lebe und praktiziere.«
Wilfried Reuter

Wir sitzen in der kleinen Bibliothek des Lotos-Vihara, eines buddhistischen Stadtzentrums, dessen Leiter Wilfried Reuter ist. Aus der Küche nebenan dringen Mixergeräusche und gedämpfte Stimmen. Es ist die Küche des Cafés, das täglich für die Besucher des Zentrums, aber auch für die Menschen der Umgebung geöffnet ist. Beheimatet ist das Lotos-Vihara in einer ehemaligen, ebenerdigen Kindertagesstädte in Berlin Mitte, umgeben von sanierten Plattenbauten. Als ich das erste Mal, vor vielleicht zwei Jahren, herkam, hatte ich Mühe, das Zentrum zu finden. Es liegt etwas versteckt in einem Areal aus vier- bis sechsstöckigen Siebzigerjahre-Bauten. Sie sehen sich so ähnlich, dass ich mich auf der Suche nach dem Zentrum nicht nur beim ersten Mal verlaufen habe. Gestrichen in warmen Rottönen erscheint mir das Zentrum heute immer noch wie eine Oase inmitten von Unwirtlichkeit. Um einen Innenhof, in dessen Mitte ein großer, weißer Stupa steht, gruppieren sich Meditationsräume, Räume für Büro und Einzelretreats, eine Bibliothek, Wohnräume, Küche und Caféraum. Viel Holz und die gedeckten Rot- und Gelbtöne, in denen sowohl die Wände gestrichen als auch die Meditationskissen und Matten gehalten sind, vermitteln einen warmen, heimeligen Eindruck. In solche Farben ist auch Wilfried stets gekleidet, und einige halten ihn deswegen für einen Mönch. Das ist er aber nicht, sondern, mittlerweile Mitte fünfzig, Vater zweier bereits erwachsener Kinder, und er lebt hier in diesem Zentrum gemeinsam mit seiner Lebensgefährtin. Daneben arbeitet er noch als niedergelassener Frauenarzt in Kreuzberg und fährt Notarztdienste. Und gerade darüber möchte ich mit ihm sprechen, geht es doch bei spiritueller Stadtpraxis um weit mehr als um Meditation und die dafür besten Rahmenbedingungen – es geht um gelebten Alltag.

»Ich arbeite oft als Notarzt, und das ist eine ausgezeichnete Möglichkeit für mich zu praktizieren. Wie viel Freundlichkeit kann ich aufbringen? Zum Beispiel bei dem Architektenpaar in der Dachgeschosswohnung, wo beide tagsüber keine Lust oder vermeintlich keine Zeit haben, zum Arzt zu gehen, die mich zu sich rufen und ich muss all die Treppen rauf, weil sie zu faul sind, mit dem Fahrstuhl runterzukommen, zu dem nur sie den Schlüssel haben. Trotzdem freundlich sein, aber auch die Grenzen zeigen und klarmachen, dass ich dafür nicht da bin – das ist das Übungsfeld in dem Moment.

Ein weiterer wichtiger Punkt einer spirituellen Stadtpraxis ist für mich, wie ich, gerade in sogenannten Problembezirken, mit Negativität umgehen kann, ohne mich da reinziehen zu lassen. Ich arbeite oft als Notarzt in Neukölln, und die Leute müssen meist relativ lange warten, denn ich komme nicht als Notfallarzt, den man mit 112 ruft, sondern als hausärztlicher Notdienst. Beim Betreten der Wohnung werde ich oft erst einmal wüst beschimpft und ich bekomme Anordnungen, was ich tun soll. Zum Beispiel immer eine Spritze geben, sonst bin ich ein schlechter Arzt. Dieser Energie, die aus einer Mischung von Beschimpfung, Depressivität, Aggression und Forderung besteht, zu begegnen, ohne mich darin zu verwickeln, das ist für mich die Herausforderung und ich finde es eine wichtige Praxismöglichkeit. Bin ich im Notdienst unterwegs, ist es für mich ein Bedürfnis, dass es uns beiden, wenn ich die Wohnung wieder verlasse, gut geht. Das gelingt mir nicht immer, das ist für mich aber eine Zielvorgabe im Rahmen spiritueller Stadtpraxis. Ich möchte, dass der Patient oder die Patientin am Ende nicht denkt, blöder Arzt, dem geht es doch nur ums Geld, also einem Klischee folgt. Und ich möchte auch selbst nicht das Gefühl haben, über den Tisch gezogen worden zu sein, sondern den richtigen Ton und das rechte Maß an Zeit und Zuwendung gefunden zu haben. Und wenn ich dann die Treppe hinuntergehe, frage ich mich: ›Wie fühle ich mich? Ist mir das gelungen? Wann ist mir abhandengekommen, was ich mir vorgenommen habe: Freundlichkeit, Einfühlung? Wann bin ich vielleicht in die Bewertung gegangen? Welche Situation hat sich daraus möglicherweise entwickelt, die sich nicht gut angefühlt hat?‹ Es ist mir wichtig, die Bewusstheit für diese Dinge nicht zu verlieren, um daraus zu lernen.

Das alles ist für mich spirituelle Praxis. Dazu gehört, mich in der häuslichen Situation über das Medizinische hinaus gut zu verhalten und auch bei der Patientin, die mich vielleicht wüst beschimpft, die dahinter liegende Hilflosigkeit zu erkennen, zu sehen, da hat sich jetzt bei ihr einfach vieles angestaut und ich bekomme es jetzt ab, aber ich muss es nicht auf mich persönlich beziehen. Also immer wieder raus aus der Egobezogenheit, das ist für mich der Weg.«

Fast jeden Sonntagabend hält Wilfried einen Vortrag im Zentrum. Dann wird es eng in der großen Meditationshalle mit dem gewaltigen goldenen Buddha vorne. Hundert und mehr Menschen aller Altersgruppen drängen sich auf den Sitzkissen auf dem Boden oder den Stühlen am Rande. Fast immer sind es sehr alltagspraktische Themen, die dort behandelt werden: Wie können wir wach und auch ethisch bewusst unser Leben hier in dieser Stadt leben, in unserer Partnerschaft, in der Familie, mit unseren Kindern, unseren Eltern, im Job, mit Kolleginnen und Kollegen, mit Krankheit und mit all unseren emotionalen Verwicklungen und Gewohnheitsmustern? Wie können wir in unserem geschäftigen Alltag ausreichend Zeit für Meditation und Stille finden? Welche Hilfen und Inspirationen geben da die buddhistischen Lehren? Themen, von denen sich Menschen aller Altersgruppen angesprochen fühlen.

»Die Stadt funktioniert wie ein Spiegel. Beim Gedränge in der U-Bahn oder im Kaufhaus, der Hektik und Geschwindigkeit, im Verkehrsstau, der Werbung und so weiter, da können wir sehen, was funktioniert, aber auch, was wir noch an detaillierten Erklärungen brauchen, um die Lehre des Buddha, in den Alltag, in die Stadt hineinzutragen. Zeiten des Rückzugs sind gut und wichtig, aber für mich braucht es auch immer die Verbindung nach außen. Ich lerne zum Beispiel durch meinen Beruf, die Arztpraxis ist ja mitten in Kreuzberg, mitten in der Szene, sehr viel darüber, was funktioniert und was nicht funktioniert, wo die Menschen der Schuh drückt. Um ein Beispiel aus meinem Berufsalltag zu nennen: Thema Abtreibung. Natürlich ist es ganz einfach zu sagen. Erstes Sila (ethische Regel): Ich will mich darin üben, keine Lebewesen zu töten. Das kann ich leicht sagen, wenn ich hier sitze und mit dem Thema eigentlich gar nichts zu tun habe. Aber nun bin ich ungewollt schwanger geworden und bin in meiner spezifischen Lebenssituation, habe keinen Partner, bin in der Ausbildung oder habe schon fünf Kinder und einen alkoholkranken Mann zu Hause. Wie komme ich da zu einer Entscheidung? Da hilft es mir, genau hinzuspüren: Was bedeutet dieses Sila in diesem Moment? Es gibt keine einfachen Antworten, keine pauschalen Patentrezepte, sondern nur ein Ringen darum, die für diese konkrete Situation beste Lösung zu finden. Der Alltag in dieser Stadt hilft mir da sehr, immer wieder genau hinzuschauen. Das ist nur ein Beispiel aus meinem Umfeld und man kann es auf viel mehr Bereiche ausdehnen. Wie gehe ich damit um, wenn ich keine Arbeit habe? Oder wenn ich viel Geld verdiene? Oder wenn ich gemobbt werde? Was bedeuten da die ethischen Regeln ganz konkret und im Einzelfall.«

Jeden Morgen kann man in dieses Zentrum zur Meditation kommen, tagsüber und abends gibt es diverse weitere Möglichkeiten, gemeinsam mit anderen zu meditieren oder an anderen Aktivitäten teilzunehmen, und man kann sich ins Café setzen, etwas essen, trinken, Zeitung lesen, mit Leuten reden, was man eben in jedem anderen Café auch so macht. Im Sommer stehen Tische und Stühle draußen. Man blickt dann auf eine kleine Grünfläche, ein Jugendzentrum direkt nebenan und auf die Häuser gegenüber. Bislang kann man nicht von einer wirklichen Begegnung dieser ›zwei Welten‹ sprechen, aber durchaus von einer friedlichen Koexistenz. Dabei gab es anfangs durchaus die Sorge, ob die Anwohner oder die Jugendlichen, die in das Zentrum nebenan gehen, »die ja erst einmal mit dem Buddhismus gar nichts zu tun haben, uns nicht Steine in den Weg legen oder uns boykottieren würden, durch Scheibeneinschlagen oder Wände beschmieren. Nichts davon ist geschehen. Wir haben hier gebaut, manchmal am Wochenende, manchmal abends, was natürlich immer mit Lärm verbunden war. Man hat uns einfach machen lassen. Wir haben von vornherein klargemacht, was hier entsteht, haben einen Schaukasten aufgehängt oder Flyer ausgelegt«.

Das Café ist bewusst als Brücke nach außen gedacht, was wohl zunehmend gut funktioniert, weil das Essen wirklich lecker und die Preise moderat sind. Es ist aber kaum ein größerer Kontrast denkbar zu der Trinkhalle und dem überdachten Imbiss, den einzigen anderen geselligen Orten in der Nähe. Doch auch hier treffen sich Menschen tagtäglich, um zusammen zu sein, in Gemeinschaft zu sein.

»Wenn ich über den Alexanderplatz gehe, der zehn Minuten von hier entfernt ist, sehe ich manchmal das personifizierte Elend. Ich habe die Möglichkeit, mit Scheuklappen durch die Gegend zu laufen, mit dem Gefühl: selbst schuld, ich habe mit euch nichts zu tun, das wäre sicher nicht sehr hilfreich. Ich kann mich aber auch jedes Mal depressiv fühlen, damit wäre aber auch niemandem geholfen. Für mich ist es wichtig, einen Weg dazwischen zu finden, mich einzulassen, ohne mich davon überwältigen zu lassen, aber auch ohne in eine Gleichgültigkeitsstarre zu verfallen, ohne in Schuldgefühle und in Schuldzuweisungen zu verfallen. Es ist eine Herausforderung für mich, die keine pauschale Antwort kennt. Mitgefühl angesichts von Dukkha, Leiden, praktizieren, Dukkha ruft nach Mitgefühl. Was bedeutet Mitgefühl, wenn ich über den Alexanderplatz gehe? Dass ich einem Alkoholiker zwei Euro gebe, sicher nicht. Aber dass ich wacher werde für bestimmte gesellschaftliche Strukturen, mich vielleicht engagiere, sei es finanziell, ideell oder tatkräftig, wie, das muss jeder und jede für sich selbst entscheiden. Aber dass ich wacher und bewusster werde, das erscheint mir in jedem Fall wichtig, und dass ich vielleicht auch etwas in der konkreten Situation tue.

Genau das ist für mich Stadtpraxis, denn hier zeigt sich das Leben. In Büchern lese ich über Mitgefühl und wie wichtig es ist, und es leuchtet mir unmittelbar ein. Im Retreat übe ich es, indem ich vielleicht in Gedanken auch für mich schwierigen Menschen Mitgefühl schicke, aber nun gehe ich über den Alexanderplatz und werde in die Realität hineingestellt, und jetzt zeigt es sich, ob ich mein Herz öffnen und Mitgefühl haben kann oder ich mich aus Angst oder Unsicherheit verschließe und zumache. Jetzt kann ich schauen, was Mitgefühl konkret hier und jetzt bedeutet, und so gesehen ist der Weg über den Alexanderplatz spirituelle Praxis. Oder die Fahrt in der U- oder S-Bahn. Es ist sehr wichtig für mich dabei, mein Herz offen zu halten, mal kaufe ich dann eine der Obdachlosenzeitungen oder gebe das Geld als Spende, mal tue ich es nicht. Aber immer bleibe ich offen und versuche, in Kontakt zu kommen, das Minimum ist ein Blickkontakt, mal sage ich vielleicht auch etwas Wertschätzendes. Doch ich verordne mir das jetzt nicht als innere Haltung. Aber ich bemühe mich um diese Offenheit, also darum, nicht betreten zur Seite zu gucken, nicht zuzumachen, nicht wegzugucken, nicht zu erstarren, wenn jemand, der vielleicht sehr ungepflegt aussieht oder schlecht riecht, mir eine Zeitung verkaufen will. Und dann handle ich aus der Situation heraus, mal gebe ich etwas und mal auch nicht. Ohne mich zu übernehmen. Letztlich ist es eine Praxis von Dana. Dana heißt immer: Was wird gebraucht, was kann ich tun? Das ist für mich die Frage von Mitgefühl. Was nicht gebraucht wird, ist: mich abschließen, beschuldigen, andere ausgrenzen, mich besser fühlen. Gebraucht wird: mich einlassen und in irgendeiner Form in Verbindung treten; das beschränkt sich manchmal vielleicht wirklich nur auf einen freundlichen Blick.«

In ein »survival kit für die Stadt« gehören für mich:

- mein Meditationsbänkchen,
- ein Buch (mit kondensierter Wahrheit),
- eine Decke.
  (Damit habe ich an äußeren Dingen, was ich brauche und auch immer auf Reisen dabeihabe, wenn ich z.B. zu Ärztekongressen oder Ähnlichem fahre und im Hotel übernachten muss.)
- Des Weiteren sind für mich wichtig und ich richte mich jeden Morgen darauf aus:

Freundlichkeit und Einfühlung, Einfühlung führt zu Verbindung, zu einem Bewusstsein dafür, wenn sich Widerstände aufbauen, ich beispielsweise in eine Haltung des (Ver-)Urteilens gerate. Wilfried Reuter

»Eine weitere Herausforderung, vor die ich mich immer wieder gestellt sehe, ist Gewalt, Gewalt in der Stadt. Die Herausforderung besteht für mich darin, die richtige Mischung zu finden: mich also einerseits zu schützen, dabei aber die richtigen Mittel zu ergreifen, um nicht Gegengewalt entstehen zu lassen.

Wichtig ist, mich selbst zu schützen, aber nicht im Schutz für mich stecken zu bleiben, nicht wegzugucken, sondern hinzuschauen, mich einzumischen. Das tue ich auch, wobei ich versuche, möglichst vorher in die Einfühlung zu kommen, um mich nicht aus einer Haltung voller Wut heraus einzumischen, denn dann heize ich die Situation meist nur noch weiter an. Ich versuche, bestimmt und klar aufzutreten, indem ich mich einmische und positioniere, aber dabei auf Vorwürfe oder andere Formen subtiler Gegengewalt zu verzichten. Es erscheint mir wichtig, möglichst keinerlei äußere Gewalt anzuwenden, aber innere Stärke aufzubringen. Das ist nicht einfach. Weil man natürlich selbst in solchen Situationen sehr aufgeregt ist. Das spüre ich, wenn ich spätabends in der U-Bahn sitze und mitbekomme, wie da etwas aus dem Ruder zu geraten droht. Und wenn ich mich frage, ob ich mich einmische, dann höre ich mein Herz klopfen, ich kenne mein Gegenüber nicht, habe keine großen Erfahrungen mit solchen Situationen. Und dann braucht es Aufmerksamkeit dafür, nicht selbst in die Wut zu gehen, es sei denn, die Wut ist da, um die nötige Kraft und Energie aufzubringen, Wut als Energie also, aber eine solche Situation habe ich noch nie erlebt.«

Das Lotos-Vihara will ein Ort der Geborgenheit sein, für Menschen, die herkommen, um zu meditieren, Ruhe zu finden oder Austausch; ein Anlaufpunkt, wo Menschen sich zurückziehen können, wo man aber auch andere treffen kann, die einen ähnlichen Weg gehen; wo man sich durch Vorträge und Gespräche inspirieren lassen kann; ein Ort, an dem man Gemeinschaft finden und mitgestalten kann. Eine Aufgabe des Zentrums sieht Wilfrieds aber auch darin, Antworten zu geben auf gesellschaftlich relevante Fragen, sei es im Bereich der Erziehung, der Menschenwürde, der Gentechnik, künstlichen Befruchtung, bei ethischen Problemen im Berufsalltag und so weiter. Wichtig ist ihm, deutlich zu machen, dass der Buddhismus mehr zu bieten hat als unmittelbare Lebenshilfe und Meditationstechniken, sondern dass er ein umfassender Befreiungsweg ist, der alle Facetten des modernen Lebens inspirieren kann. Hier liegt, so Wilfried, eine wichtige Aufgabe buddhistischer Stadtzentren, wie das Lotos-Vihara eins ist – den offenen Dialog zu suchen.

Vor dem großen Buddha in der Meditationshalle stehen zwischen Blumenschmuck und Teekerzen zwei gerahmte Fotos. Auf dem einen ist Ayya Khema zu sehen, jene deutsche buddhistische Nonne, die so viel dazu beigetragen hat, den Buddhismus hier bei uns auf eine sehr alltagspraktische Weise bekannt zu machen. Sie, 1999 gestorben, ist Wilfrieds wichtigste Lehrerin gewesen, in ihrer Tradition steht dieses Zentrum. Auf dem anderen Foto ist eine mir unbekannte, noch recht junge Frau zu sehen. Als ich vor cirka zwei Jahren sonntags abends erstmals zu den Vorträgen kam, sprach Wilfried oft von ihr. Sie war sehr krank, und er begleitete sie auf ihrem Weg. Regelmäßig erzählte er von ihr und wir sandten ihr in unserer Meditation Metta, liebende Güte, stärkten auf diese Weise eine Verbindung, die für die Kranke sehr wichtig war. Aber nicht nur für sie, für viele wurde in solchen Momenten noch einmal auf besondere Weise erlebbar, wie unabdingbar Orte wie diese als Orte von Verbundenheit, Fürsorge und Gemeinschaft heute sind. Gerade in der Großstadt.

www.lotos-vihara.de

GEHT DAHIN, WO ES EUCH BERÜHRT

Christian Herwartz

»Stadt bedeutet für mich Internationalität, es sind keine überschaubaren Räume mehr. Ich habe in meinem Schlafzimmer schon mit Leuten aus über 60 Nationen übernachtet. Das ist für mich das, was Stadt bedeutet. Wir versuchen hier in dieser Gemeinschaft offen zu leben, sind aber keine Institution, die Offenheit ist nicht wie die Offenheit eines Rathauses, eines öffentlichen Raums. Wir sind eine Privatwohnung, und es stellt sich für uns immer wieder neu die Frage: Wie können wir in dem Rahmen einer Privatwohnung gastfreundlich sein?«

Die Eckkneipen Berlins, auch eine vom Aussterben bedrohte Spezies, haben oft Namen, die nicht drumrumreden, nichts beschönigen, sondern sofort deutlich werden lassen, um was es geht: *Trinkteufel*, heißt die im Haus der Wohngemeinschaft Naunynstraße, in der Christian Herwartz seit mehr als 32 Jahren lebt, in jenem Teil Kreuzbergs, der auch als ›Klein Istanbul‹ über die Grenzen Berlins hinaus bekannt ist. Hier sind Gott und Teufel in friedlicher Koexistenz nah beieinander, denn die Jesuiten-Kommunität – in die Christian 1969 eingetreten ist – orientiert sich daran, inmitten der Armen und Entrechteten zu leben, zu arbeiten und Solidarität zu üben. Er ist Arbeiterpriester, aufgebrochen, wie er sagt, »mein Leben mit Menschen zu teilen, mitten im Volk zu leben, mitten in allen Ausgrenzungen«. Mittlerweile ist er 67 Jahre alt, ein großer, kräftiger Mann mit grauen Haaren, grauem Bart und einem klaren, durchdringenden Blick. Anfangs verunsicherte mich dieser Blick, da ich ihn prüfend empfand, im Laufe unseres Gesprächs habe ich immer mehr das Gefühl, in diesem Blick ruhen zu können, aufgehoben, gehalten zu sein. Als ich die Wohnung betrete, ist es zunächst wie eine Reise in die Vergangenheit für mich. Vor 30 Jahren habe ich in Kreuzberg in einer Wohngemeinschaft gelebt in einer Wohnung mit ganz ähnlichem Schnitt, ähnlichem Komfort und ähnlich einfachem, zusammengewürfeltem Mobiliar. Zwei Männer sitzen am Küchentisch und schneiden Zwiebeln, einer telefoniert im Wohnzimmer, ein weiterer zieht sich den Mantel an und geht. Mit Christian und mir sind wir hier in diesem Moment Menschen aus fünf verschiedenen Nationen.

Ich bin gekommen, um mit Christian über die Straßenexerzitien zu sprechen, die er seit zehn Jahren regelmäßig durchführt, und wir setzen uns dazu ins Wohnzimmer und trinken Kaffee. Exerzitien auf der Straße verbinden zwei spirituelle Stränge: in die Stille gehen, sich hinsetzen, und pilgern, unterwegs sein. »Mitten in der Stadt hörend werden« – lese ich auf seiner Homepage. Oder sehend, denn es geht um ein Wahrnehmen mit allen Sinnen, wie Christian später sagt.

»Wenn die Leute durch die Straßen gehen und auf einmal anhalten und sagen, in den Hinterhof sollte ich jetzt, dann ist es wichtig, diese Stimme in sich wahrzunehmen und dann auch zu gehen. Vielleicht ist es auch ein Kind oder eine Blume, was den nächsten Schritt auslöst, oder ein Graffiti oder eine Werbung.«

Die Straße ist Begegnungs- und Ausgrenzungsort in einem, in der Begegnung mit anderen, mit ungewohnten Situationen begegnen wir immer auch uns selbst in unseren eigenen Begrenzungen und Ausgrenzungen. Und hier auf der Straße können wir, »diese überschreiten, Heilung finden und neue Perspektiven für unser Leben sehen«.

Ab und zu kommen Menschen ins Zimmer herein, grüßen freundlich und verschwinden hinter Türen, die in weitere Räume führen. Ein großer Kachelofen steht in der Ecke. So haben wir damals in unserer WG auch geheizt; anfangs fand ich es sehr romantisch und so alternativ, aber oft war es mir dann viel zu mühselig, morgens vor der Arbeit noch den Ofen anzuheizen, und so war ich im Winter oft dauererkältet und verbrachte viel Zeit im Bett. Nach zehn Jahren zogen wir in eine Wohnung mit Zentralheizung, und ich war heilfroh. Mehr und mehr verschwanden im Laufe der Jahre die kleinen Kohlehandlungen aus dem Stadtbild, ebenso wie die kohlegeschwärzten Männer, die auf ihren Kiepen die Briketts in die Wohnungen hochtrugen. Hier in der Naunynstraße sind die Kachelöfen keine nostalgischen Überbleibsel längst vergangener Zeiten, sondern werden gebraucht und genutzt, und sie geben diese wunderbare Art von Wärme ab, die nur von solchen Öfen ausgehen kann.

»Die Straßenexerzitien sind mir geschenkt worden. Ein junger Jesuit fragte an, ob er seine jährlichen Exerzitien bei uns in der Wohnung machen könne. Ich wollte das zuerst nicht, mochte aber auch unsere Gastfreundschaft nicht infrage stellen. Und so stimmte ich zu. Wir vereinbarten dann ein Gespräch pro Abend nach meiner Arbeit in der Fabrik und ich schlug ihm jeden Tag einen Bibeltext zur Meditation vor. Er hat die Stadt durchstreift, fand in Baulücken ruhige Meditationsorte, sah die Bauarbeiten am Potsdamer Platz, protzige Gebäude, heruntergekommene Häuser. Besonders in Erinnerung geblieben ist mir, dass er einen Weg entlang der Markierung, da, wo früher die Berliner Mauer war, wählte, ein schmaler, gepflasterter Streifen, und er ist dann mit einem Bein im Osten, mit dem anderen im Westen gegangen und hat so über die Zerrissenheit der Welt und seine eigene Zerrissenheit meditiert. Er hat in den Brachen der Stadt, den alten Verwundungen vom Krieg, seine eigenen Verwundungen erkannt. So hat er sich Stück für Stück mit der Stadt vertraut gemacht und darin sich selbst gesehen. Aber mit der Frage, die ihn hergeführt hat, ist er nicht weitergekommen, der Frage, wohin sein Weg im nächsten Jahr führen werde, ob er in einem Aidshospiz mitarbeiten solle. Eines Abends fuhr er dann mit der U-Bahn, und auf der Treppe kam er an einem Bettler vorbei, es war nur eine ganz flüchtige Begegnung, aber danach wusste er, was er tun sollte.

Und ich konnte nun nicht mehr sagen, das geht hier nicht mit den Exerzitien, sondern verstand, dass ich an einem sehr privilegierten Ort dafür lebe. Und dann sind andere gekommen und die haben es so ähnlich gemacht wie der junge Jesuit. Und dann kam jemand, der wollte mit einer Gruppe Exerzitien machen; ich habe das zwar organisiert, aber im Grunde immer noch nichts verstanden. Den ersten Kurs haben wir 2000 mit vier Begleitern gemacht, zwei Gruppen mit jeweils einem Mann und einer Frau als Begleitung. Und in den zehn Jahren ist das dann gewachsen und hat auch verschiedene Formen angenommen. Die Grundform ist aber immer die gleiche geblieben: Der Kurs dauert zehn Tage. Es gibt zwei Untergruppen. Übernachtet wird in Räumen, die uns beispielsweise kirchliche Gemeinden zur Verfügung stellen (im Winter werden sie oft als Notunterkünfte genutzt). Drei Impulse während der ganzen Zeit sollen helfen, ins Sehen zu kommen, ins Sehen nach außen, aber auch ins Sehen nach innen. Und dann machen sich die Menschen auf den Weg, wohin auch immer, vielleicht haben sie ein Ziel, vielleicht lassen sie sich treiben. Und abends treffen sich die Gruppen und jeder und jede erzählt von den Erlebnissen des Tages. An diesen Gesprächen teilzunehmen ist die einzige Bedingung, alles andere ist frei. Oft erleben wir, dass wir erst beim Erzählen wirklich etwas verstehen, sonst bleiben wir meist in unseren Vorurteilen stecken. Es ist wichtig, dass wir das Erlebte, und auch unsere Gefühle, vor anderen ausbreiten und wir dann hören, was sie sagen. Sonst kann der Prozess nicht weitergehen.«

Wo ist mein persönlicher Dornbusch?

Die biblische Geschichte vom brennenden Dornbusch erhielt für mich erstmals eine tiefere Bedeutung, als sie der Benediktiner Bruder David Steindl-Rast 2008 in der tunesischen Wüste erzählte. »Zieh deine Schuhe aus, hier ist heiliger Boden«, sprach Gott zu Moses, als der sich dem brennenden Dornbusch näherte. »Das bedeutet: Alles, wirklich alles ist heiliger Boden«, sagte Bruder David, und er selbst ging auf eine Weise durch den Wüstensand, dass ich spürte, es sind dies nicht nur Worte, nicht nur Interpretation einer alten Geschichte, nein, für ihn ist das alles hier heiliger Boden.

Wiederbegegnet bin ich dieser Geschichte bei Christian Herwartz, und zwar in weiteren Facetten, sie zu verstehen und zu leben. Bei den Straßenexerzitien ist die Geschichte stets ein zentraler Impuls, führt sie doch unmittelbar zu zwei Fragen, die nicht nur für die Exerzitien, sondern für das Leben selbst ungemein wichtig sind: ›Wo ist mein persönlicher Dornbusch und was sind die Schuhe, die ich ausziehen muss?‹ Christian erzählt diese Geschichte oft, wie er überhaupt gern Geschichten erzählt, wie er sagt. Und so erzählt er sie auch an diesem Nachmittag:

»Moses ging eines Tages mit seiner Herde über die Steppe hinaus. Ich glaube, das ist ein gutes Bild für die Straßenexerzitien, nicht im Gewohnten zu bleiben, sondern darüber hinauszugehen. Von außen sieht das vielleicht unprofessionell aus, eine Herde durch die Wüste zu treiben, ohne Wasser und ohne Futter. Aber es geht darum, die Angst zu verlieren, nicht immer nur Abgesichertes zu tun und eine Offenheit zu entwickeln, und in dieser Offenheit sieht man dann Neues. Und Moses hat einen

Dornbusch gesehen, der brannte. Er hat hingeguckt und gesehen, der verbrennt ja gar nicht. Ein anderer, der schon länger in der Wüste lebte, hätte vielleicht gesagt, ach, da ist ja schon wieder so ein Dornbusch, der sich selbst entzündet hat. Aber dadurch, dass es für Moses neu war, hat er ganz anders hingesehen und ist neugierig geworden. Das Feuer im Dornbusch, das brennt, aber nicht verbrennt, ist ein Symbol der Liebe, denn die Liebe ist das Einzige im Leben, was brennt, aber nicht verbrennt. Er geht also darauf zu. Und er spürt, hier muss ich stehen bleiben. In der Bibel heißt es, dass er auf heiligem Boden steht. Und heiliger Boden ist ja nur ein anderes Wort für ›hier ist was, was du hören sollst, was du wahrnehmen sollst‹. Und als Erstes hat er die Schuhe ausgezogen. Er hat also mit diesem Boden, mit der Realität, Kontakt aufgenommen. Und das ist entscheidend, diesen Kontakt zu suchen. Im Fuß ist der ganze Körper abgebildet; es geht also darum, sich mit der ganzen Existenz in diese Realität zu stellen, das ist der erste Schritt in dieser Geschichte. Und dann hört er etwas, was er schon längst weiß. In den Exerzitien geht es zunächst gar nicht darum, etwas völlig Neues zu verstehen, sondern das, was verdrängt wurde, zu sehen. Und das, was er hört, ist, dass sein Volk in Sklaverei ist. Das wusste er mit Sicherheit, das wird nichts Neues für ihn gewesen sein, vielleicht hatte er es aber auch verdrängt. Er steht nun vor der Wirklichkeit, dass er heimatlos ist, dass er aus einem Volk kommt, das unterdrückt ist. Und gesehen zu werden in der Unterdrückung und nicht davor wegzulaufen, das ist der Schritt, zu dem wir in den Exerzitien eingeladen sind.«

Um hörend oder sehend zu werden mitten in der Stadt, müssen wir also unsere Schuhe ausziehen, das, was uns immer wieder von der Wirklichkeit abtrennt, unsere Konzepte, Vorurteile, Bewertungen, die Schuhe, mit denen wir uns immer schnell abwenden oder nur unbeteiligt zugucken, die Schuhe des ›Später-mal‹, des ›Nicht-schon-wieder‹, die Schuhe des ›Ja-aber‹, wie Christian sagt (›Ja klar, ist ja auch ein Mensch, aber …‹). Beim Durchstreifen der Stadt spüren wir erst, wie viele Schuhe wir tragen, dazu bedarf es gar keiner Exerzitien, sondern nur eines wachen Unterwegsseins. Aber wir können die Schuhe, so wie Moses es tat, ausziehen und schauen, was passiert. Sie schnell wieder anziehen und weglaufen, geht meist immer noch, wenn uns nicht ›auf nackten Sohlen‹, wie der Titel des Buches von Christian Herwartz über die Straßenexerzitien lautet, dann urplötzlich unser persönlicher Dornbusch begegnet.

»Das Leben, ja Gott selbst will mit uns sprechen, an welchem Ort und aus welchem brennenden Dornbusch heraus auch immer. Dann stehen wir auf heiligem Boden, mitten auf den Straßen des Lebens. Straßenexerzitien sind eine Einladung, den heiligen Ort im Angesicht des persönlichen Dornbuschs zu finden. Und für manche Menschen bedeutet das, Gott zu finden.«

Wo ist hier Gott?

»Sich auf den Weg machen, das muss man letztlich alleine tun. Manchmal gehen auch zwei Menschen zusammen, beispielsweise ein Ehepaar, aber im Grunde genommen ist es wichtig, dass der Einzelne sich führen lässt, denn keiner weiß, wo der Ort ist, an dem es passiert, aber ich habe noch nie erlebt, dass er nicht gefunden wurde. Das kann in der U-Bahn sein, auf der Straße, im Hinterhof. Wir haben eine Liste von Orten, die wir den Leuten geben, nicht, damit sie dort hingehen, aber damit sie merken, das sind Orte, um die ich sonst immer einen Bogen mache. Das kann eine Psychiatrie sein, ein Kinderspielplatz, ein Gefängnis. Manchmal gehen die Leute auch dorthin, aber oft kommt schon mitten auf dem Weg der Moment, in dem sie spüren, hier sollte ich anhalten.

Einmal stand ein Mann drei Tage vor einem Asylantenheim und hat gewartet, was da passiert, und da kam dann ein Araber zu ihm und fragte ihn, was er da tue, und er sagte: ›Ich suche Gott‹, und da sagte der Araber: ›Da bist du hier richtig.‹ Ein anderer hat einen Bauarbeiter in einer Baugrube gefragt: ›Ich suche Gott, wo finde ich den eigentlich?‹, und der hat gesagt: ›Wenn du nichts auf dem Kerbholz hast, dann geh geradeaus. Geh geradeaus.‹ Einem weiteren wurde von einem Passanten gesagt: ›Ich würde da und dahin gehen, um ihn zu finden.‹ Wenn man den Mut hat, das, was man als Sehnsucht in sich trägt, was man als Frage hat, auch zu stellen und nicht in Konventionen stecken zu bleiben, dann bewegt sich etwas. Und die, die das tun, bekommen meist auch wunderbare Antworten.

In Exerzitien geschieht Heilung, weil ich mich öffne für andere Orte, andere Erfahrungen und ich darüber rede, es also nicht in mir vergrabe. Das ist ein Schritt. Spannend ist dann, wie es weitergeht, wie ich im Alltag weitergehe. Aber selbst die Wege, die man kennt, sehen dann anders aus. Wenn man sich in diese Langsamkeit hineinbegibt, kann man die Welt neu sehen.«

Wie lassen sich Elemente aus den Exerzitien im normalen Alltag leben?

»Einer hat es mal genannt, mit offenen Augen beten, eine Haltung, sich nicht zu verkriechen, sondern die Offenheit zu Gott oder wie immer man das nennen mag, zu leben. Jemand sagte mir, ich entdecke so viele Zeiten, in denen ich in die Offenheit gehen kann, wenn ich beim Zahnarzt warte, vielleicht sogar auf dem Behandlungsstuhl, in der Bahn, wo auch immer. Man kann viele Zeiten für sich so nutzen.«

Und wie kann ich meine Begrenzungen, mit denen ich in der Stadt tagtäglich konfrontiert werde, erweitern?

»Eine Möglichkeit ist, einen Bettler zu fragen, ob man sich neben ihn setzen darf, und die Welt aus dieser Sicht einmal zu betrachten. Und das heißt ja, dass man genauso angeguckt wird. Bei einem Retreat in Hamburg setzte sich der Leiter eines Exerzitienhauses am Bahnhof mit einer Flasche Bier zu einer Gruppe auf eine Treppe. Bei seiner Rückkehr sagte er fassungslos: ›Ich habe drei Stunden nicht existiert.‹ Alle hatten über ihn und die anderen hinweggesehen.

Bei all unseren Meditationen geht es darum, dass der andere, um den ich vorher einen Bogen gemacht habe, zum Bruder, zur Schwester wird. Das aber kann ich nicht machen, das ist ein Geschenk, das in dem Prozess geschieht, und das braucht manchmal Zeit.«

Was kann uns im Alltag unterstützen, so meine letzte Frage an Christian, im Mitmenschen Gott oder Christus zu sehen und sich nicht immer vorschnell abzuwenden?

»Bei den letzten Exerzitien war eine Frau dabei, die ist dahin gegangen, wo Frauen auf den Strich gehen. Und es hat ein Auto angehalten, der Fahrer hat sie angegafft, sie hat abgelehnt, der Fahrer kam dann noch ein zweites Mal vorgefahren. Sie hat wieder abgelehnt. Und sie war ganz aufgewühlt. Abends hat sie dann bemerkt, dass sie durch den Mann zur Schwester der anderen Frauen geworden ist. Das empfand sie als großes Glück. Drei Tage später hat sie erkannt, dass sie in dem Mann Gott gesehen hat, denn durch ihn hat sie erleben dürfen, dass sie Schwester ist, und wer kann das schon. Es hat diesen Mann gebraucht, dass sie das erleben konnte. Sie konnte in dem Mann Gott erleben, so ähnlich wie die Frauen das im Garten bei Jesu Grab erlebten oder die Jünger, als der Fremde das Brot für sie brach. Er ist in diese Rolle des Freiers geschlüpft, um ihr etwas zu zeigen. Und das ist etwas, das man nicht machen kann. Man kann nicht sagen, jetzt möchte ich den Mann, den Freier, als meinen Nächsten oder sogar als Gott oder in seiner Würde sehen. Das wäre nur eine Kopfsache. Aber dies konkret zu erleben, das war eine große Sache für sie. Und wenn so etwas einmal passiert ist, dann hält man noch andere Dinge für möglich. Dieses Versteckspiel Gottes, dem auf die Spur kommen und es nicht durch Rationalität herunterbrechen, das ist das Entscheidende.

Ein Teilnehmer hat bei seinen Exerzitien – sie dauerten nur einen Tag – am Schluss mit einem Bier am Bahnhof gesessen und nach einer Weile kam ein junger Mann zu ihm rüber aus einer Gruppe Drogenabhängiger, die nicht weit von ihm saß, und sagte: ›Mir hat vor Kurzem ein Arzt gesagt, dass ich bald sterben werde an Aids, kannst du immer an mich denken? Nimm diesen Ring, den ich stets trage, damit du an mich denkst.‹ ›Du hast doch deine Freunde, die werden schon an dich denken‹, sagte der andere. Doch der junge Mann erwiderte: ›Ja, ja, die denken an mich, aber nach drei Tagen haben sie mich vergessen.‹ Und da gab er sich einen Ruck und nahm den Ring an. Er trägt ihn heute nach elf Jahren immer noch. Und er sagt: ›Ich teile mein Leben in vor und nach diesen fünf Minuten.‹

Und so etwas erlebt vielleicht jeder. Aber in der Regel schieben wir es wieder von uns. Ich kann das nicht machen, nicht planen, aber ich kann entdecken, wenn es passiert.«

In ein »survival kit für die Stadt« gehört für mich:

- nach meinen Vorurteilen suchen. Vorurteile können wir nicht verhindern, aber wir können wahrnehmen: Jetzt bin ich in meinem Vorurteil gefangen. Dann können wir fragen: Lass ich das Vorurteil fallen in dem Moment oder kann ich es nicht? Wenn ich die Vorurteile fallen lassen kann, dann sollte ich ins Handeln kommen, nicht beim Gaffen stehen bleiben, bei der reinen Zuguck-Haltung, in der wir so oft verharren.

  Christian Herwartz

Am Ende meines Besuchs schenkt mir Christian ein Buch, es heißt *Geschwister erleben* und ist eine Sammlung von Beiträgen der Gemeinschaft Naunynstraße. Ich finde darin eine kleine Geschichte von Petra Maria Tollkötter über ihre Gottsuche, und sie gefällt mir, weil sie vollkommen unspektakulär, in gewisser Weise alltäglich ist.

»Einmal saß ich zwei Stunden im Park zwischen zwei mir unbekannten, alkoholisierten Männern, die mich begrüßt hatten mit: ›Auf dich haben wir gewartet.‹ Ich hatte an diesem Tag eine denkbar schlechte Stimmung, fühlte mich hohl und leer, ziellos und genervt. Ich hatte nichts zu bieten, ganz sicher nicht in irgendwelchen menschlichen Kontakten. Das Angebot der beiden nahm ich an, hockte mich müde zwischen sie, nuckelte an meiner Wasserflasche wie sie an ihrem Bier. Wir wechselten gelegentlich Ein- bis Dreiwortsätze. Meistens aber schwiegen wir. Sie hatten genauso wenig zu bieten wie ich und machten keinen Hehl daraus. Da entstand etwas zwischen uns jenseits der Worte, gerade im Ausgelaugtsein, in der Erschöpfung, im müden Schweigen. Als ich nach zwei Stunden weiterging, war ich auf eigenartige Weise getröstet und belebt. Da habe ich eine lebendig machende, sich Jahr für Jahr vertiefende Gottesspur entdeckt: Ich darf sein – ohne (Vor-)Leistung, ohne intellektuelle Schminke, ohne emotionale Kontur, ohne Anspruch, ohne Wollen. Und dieses Da-Sein einfach zuzulassen – dazu haben mich die beiden ganz elementar angesteckt und mir etwas von Gottes großem Ja zu mir vermittelt.«[41]

Als ich mich verabschiede, wird in der Küche weitergekocht, aber das Essen scheint bald fertig zu sein, denn die Teller stehen schon auf dem Tisch. Draußen ist die Straße voller Menschen, ein buntes Gemisch unterschiedlicher Nationalitäten. Während meines Gesprächs mit Christian habe ich anfangs immer wieder Gedanken an meine Brieftasche beiseiteschieben müssen, die ich am Vortag mit relativ viel Geld und allen nur erdenklichen Karten im Bus habe liegen lassen. Bisher war sie nicht bei den Verkehrsbetrieben abgegeben worden, und ich rechnete auch kaum damit, dass dies noch passieren würde. Aber hier in der Naunynstraße erschienen mir meine Sorgen um Geld und Karten banal und ›kleinkariert‹ und ich empfand Scham, dass ich anfangs noch mit einem Teil meiner Aufmerksamkeit damit befasst war, darüber nachzusinnen, wie viel Geld denn nun wirklich in der Brieftasche gewesen war. Im Laufe des Gesprächs vergaß ich das Ganze, aber als ich jetzt auf der Straße stehe, kommt mir die Frage nach dem Geld sofort wieder in den Sinn. Und gleichzeitig gehe ich ganz anders durch die Adalbertstraße zum Kottbusser Tor, als ich hergekommen bin, empfinde mich als Teil dieses Gewusels an Menschen, Hunden, Autos, Hupen, Rufen, Rempeln, Roten Ampeln, Polizeisirenen. Als ich in meinem Büro ankomme, liegt ein dicker Briefumschlag auf dem Schreibtisch. Er enthält meine Brieftasche. Das Geld ist weg, aber alle Karten sind noch da, sogar die Monatskarte für die Bahn. Auf dem Briefumschlag ist eine Marke der Post, das heißt, die Person, so wird mir schnell klar, hat sich die Mühe gemacht, zur Post zu gehen, vermutlich hat sie in der Schlange stehen müssen, so kurz vor Weihnachten, um mir meine Brieftasche zurückzuschicken. Sie hätte sie ja auch einfach wegwerfen können. Vielleicht war sie mir dankbar für das Geld, das sie jetzt hat, und ich bin ihr jetzt dankbar für ihre Freundlichkeit. Ein neues Band ist geknüpft in dieser Millionenstadt zwischen sich vollkommen unbekannten Personen, die sich, jede auf ihre Art und nicht unbedingt freiwillig, etwas Gutes getan haben.

www.con-spiration.de

SPIRITUELLE STADTPRAXIS IN HAMBURG – *EINE REISE*

In Altona steige ich aus dem Zug. Vor vielen Jahren bin ich sehr oft nach Hamburg und in diese Gegend gefahren, da eine gute Freundin von mir dort wohnte. Viel hat sich seither verändert. Die großen Ketten, dank derer sich unsere Innenstädte inzwischen alle auf so fatale Weise ähneln, sind mittlerweile hier angekommen. Morgen werde ich nicht weit von hier die buddhistische Lehrerin Sylvia Kolk treffen, in ihrem Zentrum im Hinterhof einer Seitenstraße, in dem die von ihr entwickelte *Buddhistische Stadtpraxis* ihren Sitz hat. Das Zentrum wird sie aber zum Ende des Jahres aufgeben, weil die Miete nicht mehr bezahlbar ist. Wie überhaupt hier in dieser und in vielen anderen Gegenden Hamburgs die Mieten nach Sanierungen so gestiegen sind, dass heute Galerien, Architekturbüros und Designerläden da Einzug gehalten haben, wo früher noch ›ganz normale Leute‹ wohnten und von alternativen Lebensstilen geprägter, leicht heruntergekommener Charme herrschte. Jetzt ist es da schick und gediegen geworden und es haben sich die dazu passenden Menschen angesiedelt, die in der Lage sind, die hier geforderten Mieten zu zahlen oder die Wohnungen als Eigentum zu erwerben. Aus Hamburg war in den letzten Jahren viel über ›Gentrifizierung‹ zu hören und zu lesen; 2009 schlossen sich Künstler und andere Kulturschaffende zusammen und veröffentlichten das Hamburger Manifest *Nicht in unserem Namen,* in dem es hieß:

»Wir möchten nicht länger dazu benutzt werden, tote Stadtteile wiederzubeleben und Investoren und kaufkräftige Bewohner anzulocken.« … Und um dann wieder weichen zu müssen, weil die Mieten nicht mehr erschwinglich sind, ein Prozess, der hier, aber auch in vielen anderen Städten, seit Jahren im Gange ist.

Seit Mitte der 90er-Jahre fördert die Politik aktiv die Privatisierung und Luxusmodernisierung ganzer Stadtteile. »Auch die zwischenzeitlich verarmten deutschen Städte paktierten mit den Großinvestoren, die in den Innenstädten Betongold gefunden hatten. Das ist Turbo-Gentrifizierung, gegen die sich die Kreativen aus Hamburg wehren: die Ära der neuen Luxus-Apartmenthäuser, Townhouses, Lofts, Hotel- und Business-Türme.«

Es scheint mittlerweile mehr und mehr Menschen zu geben, die sich nicht mehr als mobile Verschiebemasse städtebaulichen, politischen Handelns begreifen wollen, sondern mehr aktive Bürgerbeteiligung, mehr Mitbestimmung darüber einklagen, wie ihr Leben in der Stadt, im Stadtteil sich jetzt und zukünftig gestaltet, und tatkräftig für diese Belange eintreten. Geht es zum einen vielleicht zunächst vor allem darum, etwas Neues zu verhindern und Altes zu bewahren (Stuttgart 21, Mediaspree in Berlin usw.), so geht es in anderen Fällen um das Lebendigwerden-Lassen eigener Visionen. So gibt es eine stetig wachsende Zahl von Initiativen, Projekten und Gruppen zum Thema gemeinschaftlichen Wohnens in der Stadt, mit generationsübergreifenden, ökologischen, queeren, spirituellen und vielen weiteren Ansätzen (http://ariadne-akzeptiertesaltern.net/themen/wohnprojekte.html). Und es gibt Bewegungen, die von der Rückkehr des Grüns in die Stadt in Form von urbaner Landwirtschaft, Gemeinschafts-, Nachbarschafts- oder ›Interkulturellen Gärten‹ künden (siehe auch S. 73ff.).

Was würde ich in meinen kleinen Rucksack packen, wenn ich mich wieder den Nomaden der Städte anschlösse?

- Rainer Maria Rilkes Stundenbuch,
- ein Liederheft, ein Band Geschichten von Pu dem Bär,
- mein schwarzes Notizbuch, mehrere Tintenschreiber mit Micro-Spitze,
- viel Humor und Geduld,
- meinen festen Glauben an die radikale Gewaltlosigkeit alias Bodhicitta,
- eine gute Regenjacke mit Kapuze, eine Monatskarte für den öffentlichen Nahverkehr,

- mein Adressbuch für überraschende Besuche bei netten Leuten,
- das Neue Testament,
- zwei Stunden Muße pro Tag zum Meditieren und Lesen
- und ein dreißig Quadratmeter großes Zimmer mit gut gefüllten Bücherregalen, einem breiten Bett und einem sehr bequemen Lesesessel. Sylvia Wetzel

An jenem Nachmittag fahre ich weiter nach Winterhude, um dort mit Stephan Hachtmann und seiner Frau Annekatrin Hennenhofer über ihre Sicht spiritueller Praxis in der Stadt zu sprechen. Beide praktizieren seit vielen Jahren den christlichen kontemplativen Weg in der Tradition des Herzensgebets.

In jenen drei Tagen, die ich in Hamburg verbringe, durch die Stadt laufe, mir Orte ansehe, mit Menschen spreche, habe ich das Gefühl, ich spreche über nichts anderes, sehe nichts anderes, höre nichts anderes, fühle nichts anderes als ... Es fällt mir schwer, dem einen Namen zu geben – Verbundenheit, das Gewebe, das uns alle verbindet, aus dem niemand je herausfällt und an dem wir mit unserem Denken, unserem Sprechen, unserem Handeln fortwährend weiter die vielfältigsten Muster weben. Mir kommt auch das Bild einer riesigen Patchworkdecke in den Sinn, bei der sich die vielen bunten, ganz unterschiedlichen Muster zu einem farbenprächtigen harmonischen Ganzen fügen. Und überall wird an neuen winzigen Stückchen gearbeitet und ständig kommen neue Farbtupfer hinzu.

AUF DER SUCHE NACH DER VERLORENEN DIMENSION

Annekatrin Hennenhofer und Stephan Hachtmann

Das Projekt Spiritualität des Kirchenkreises Hamburg-Ost sucht den Kontakt mit Menschen, die Sehnsucht nach Sinn und religiöser Erfahrung haben, den traditionellen Glaubensangeboten der Kirche jedoch eher distanziert gegenüberstehen.
Wir bieten Erfahrungsräume und Methoden, die die Suche nach Sinn und Glaubenserfahrung unterstützen können. Den Weg, das Tempo und die Form bestimmt jede/r für sich.
Die Grundlage unseres Handelns sind unsere christlichen Wurzeln, besonders der teilweise verschüttete Schatz der christlichen Mystik. Wir sind jedoch gleichzeitig offen für die Erfahrungen und das Wissen anderer Religionen und beziehen diese in unsere Arbeit ein.

Spiritualität bedeutet für uns nicht reine Innerlichkeit und Weltabgewandtheit. Der Weg zur eigenen Mitte ist eine wichtige Kraftquelle, um in der Welt verantwortlich und solidarisch handeln zu können.
Unsere KursleiterInnen verstehen sich als BegleiterInnen von spirituellen Prozessen, die nicht zu Abhängigkeit von festen Programmen und Personen führen. Sie unterstützen vielmehr, den eigenen spirituellen Lebensweg zu gehen und im Alltag leben zu können. www.projektspiritualität.de

Kennengelernt habe ich Stephan Hachtmann, einen vor Ideen und Energie sprühenden Mann Ende vierzig vor ungefähr einem Jahr im Zusammenhang mit seinem Buchprojekt zum Thema ›Herzensgebet‹. Er ist seit 2003 in einer großen Einrichtung des Hamburger Suchthilfesystems tätig, für die er spirituelle Angebote und meditative Gruppenkonzepte entwickelte. 2007 gründete er den Arbeitskreis *Hamburger Forum Spiritualität und Sucht,* dem es um die Einbeziehung spiritueller Dimensionen und Praxis bei der Suchtgenesung geht. Daneben hält er – vorrangig zum Herzensgebet – Vorträge, gibt Seminare und begleitet Menschen auf ihrem spirituellen Weg. Aktiv beteiligt er sich am Aufbau eines christlich/kontemplativen Zentrums, das im Sommer 2011 in Mecklenburg nach zehnjähriger Entstehungsphase seine Türen öffnen wird (www.hausbellin.de). Viele seiner spirituellen Angebote finden im Rahmen des *Projektes Spiritualität* im Kirchenkreis Hamburg-Ost statt, das von seiner Frau, Annekatrin Hennenhofer, geleitet wird. Sie ist Religionspädagogin, Meditationsbegleiterin und wie er in einer zehnjährigen Schulung im Herzensgebet bei Franz-Xaver Jans-Scheidegger.

Und über das *Projekt Spiritualität* möchte ich mehr erfahren, gilt es doch als eines der Pionierprojekte in dem Versuch, jenseits von Gemeindearbeit ›kirchenfernen‹ Menschen christliche Themen nahezubringen. 75 Prozent der Kirchenmitglieder werden nämlich mittlerweile durch das klassische Gemeindesystem nicht mehr erreicht und »die Ausstrahlung der nachbarschaftsbezogenen Gemeinden in eine neue mobile Stadtgesellschaft hinein wird immer geringer«, so der Citypfarrer Uwe Vetter.[42] Der Gottesdienstbesuch hat sich in Deutschland von 1980 bis 2010 halbiert. Sind in katholischen Kirchen nur noch sechs Prozent der Mitglieder zu finden, so sind es bei den Protestanten unter drei. Aber auch die Zahl der Gemeindemitglieder durch Kirchenaustritte nimmt seit Jahren kontinuierlich ab. »Wenn der Trend anhält, wird sich der Anteil der Mitglieder beider Kirchen von derzeit über 60 Prozent in Deutschland bis zum Jahr 2050 auf unter 40 Prozent verringern.«[43] Dies ist eine für die christlichen Kirchen durchaus dramatische Situation, auf die in vielfältiger Weise reagiert wird – beispielsweise durch Kirchenschließungen, Citykirchen sowie eine Neuausrichtung in den Angeboten (siehe auch S. 66ff.). Und hier kommt dann auch die Zielgruppe der Kirchenfernen oder Kirchendistanzierten in den Blick und das Anliegen, sie zumindest beim *Projekt Spiritualität* mit den in den christlichen Kirchen selbst oftmals verschütteten oder misstrauisch beäugten spirituellen oder mystischen Einübungswegen bekannt zu machen. Das bedeutet vielfach auch eine Revitalisierung dieser Wege überhaupt.

Wir treffen uns zum Gespräch in der Wohnung von Annekatrin und Stephan, in der mir sofort die beiden Meditationsmatten mit Bänkchen und Kissen auffallen, die im Wohnzimmer, in dem wir dann Kaffee trinken und Kuchen essen, einen nicht unbeträchtlichen Teil des Raums einnehmen.

1998 wurde Annekatrin gemeinsam mit Steffen Becker vom damaligen Vorstand des Kirchenkreises Stormarn beauftragt, ein Konzept zu entwickeln, wie Angebote für Menschen aussehen könnten, die der Kirche distanziert gegenüberstehen, möglicherweise aber auf der Suche nach spiritueller Erfahrung sind.

Annekatrin: »Das Projekt Spiritualität wurde von Anfang an in enger Zusammenarbeit mit der Zielgruppe entwickelt, mit Menschen, die sich von den traditionellen Angeboten der Kirche nicht oder nicht mehr angesprochen fühlten. In sogenannten Focusgruppen haben wir intensive Gespräche geführt, haben gefragt: ›Wie seht ihr die evangelische Kirche in Bezug auf Spiritualität? Was wollt ihr an Angeboten und besteht überhaupt Vertrauen in die Kirche?‹ Sozialdiakonische Kompetenz wurde der Kirche zwar zugesprochen, das war ein Ergebnis unserer Befragung, aber nur ganz wenig spirituelle Kompetenz. Doch viele konnten sich vorstellen, Angebote wahrzunehmen, wenn ihnen hier nicht vorgeschrieben würde, was sie zu glauben hätten. Oder ihnen vorgegeben würde, wo es spirituell ›langgeht‹, sondern wenn ihnen ein offener, freier Raum für spirituelle Erfahrungen geboten würde, in dem sie nach ihrer eigenen ›inneren religiösen Melodie‹ suchen und dabei aus der Tradition der christlichen Spiritualität Begleitung finden könnten. Unser daraus entwickeltes Konzept haben wir dann dem Kirchenkreisvorstand vorgestellt und von ihm den Auftrag erhalten, dies zunächst einmal für drei Jahre im Projekt Spiritualität umzusetzen.«

Mittlerweile gibt es das Projekt seit zehn Jahren. Und die 20 Kursleiterinnen und -leiter bieten im Halbjahresrhythmus eine Vielzahl von Veranstaltungen an: Seminare für Meditation, Körpererfahrung, Malen in Stille, meditatives Singen und Tanzworkshops, Taizé-Andachten, byzantinische Lichtrituale und Übungen im Herzensgebet, spirituelle Seminare für Paare, Vorträge und Übungen in gewaltfreier Kommunikation oder zu integraler Spiritualität. Bekannt gemacht wird das Programm durch Aushänge in den Gemeinden, in Arztpraxen, bei Heilpraktikern und Psychotherapeuten, in Apotheken und Buchläden. Die Veranstaltungen und Seminare sind oft ausgebucht.

»Wir haben uns damals bewusst dafür entschieden, die Veranstaltungen in der Mehrzahl nicht in einer Kirche anzubieten, weil uns in den Gesprächen, die wir anfangs geführt haben, viele gesagt haben, eine Kirche sei für sie nur akzeptabel, wenn sie leer sei. Viele wollten Kirchenräume nur betreten, um die Ruhe zu genießen und sich inspirieren zu lassen, aber sobald dort etwas angeboten wird, war das vielen eher suspekt: von ihren Vorerfahrungen her, den erlebten oder den gefühlten. Es wären damals viele nicht zu unseren Angeboten gekommen. Wir haben dies ernst genommen und ein neutrales Gebäude angeboten. Es ist zwar ein Kirchenkreisgebäude, aber eben keine Kirche, es ist von der Atmosphäre her etwas ganz anderes, diesen Ort in der Stadt zu haben. Inzwischen hat sich im Bewusstsein der Menschen auch schon manches verändert, so gibt es die ›Kirche der Stille‹ in Altona, die tagsüber stundenweise geöffnet ist und die ein Programm bietet, das sehr gut angenommen wird.

Dieses Projekt ist mein Beitrag, auch in die Kirche selbst hineinzuwirken, auch die Kirche selbst braucht spirituelle Erneuerung. Ich möchte die Fragen, die Teilnehmende in unseren Kursen und Seminaren aufwerfen, stärker in die Kirche hinein vermitteln. Kirchendistanzierte Menschen stellen Fragen nach der Tradition, nach dem Gottesbild, sie suchen alltagstaugliche Wege, ihre Spiritualität zu leben – und das ist etwas, das auch zur innerkirchlichen Entwicklung beitragen kann. Es sind Fragen, die Kirchennahe ebenfalls oft haben. Es ist bei diesen Formen urbaner Spiritualität im christlichen Bereich deshalb wichtig, dass es kein abgekoppelter Gegenentwurf zu der klassischen Gemeindearbeit ist, sondern gut verankert in der Gesamtarbeit der Kirche bleibt. Nur so kann sich beides befruchten.

Es war für uns aber gerade in den Anfangsjahren erstaunlich und erschreckend, wie viele Menschen schmerzhaft vorgeprägt in Bezug auf ihr Verhältnis zur Kirche waren und viele Verwundungen in sich trugen. Wenn wir über Gottesbilder sprechen, über Vorstellungen von Sünde und Vergänglichkeit, dann staunen wir oft, wie geprägt die Menschen immer noch von den alten Bildern sind. So ist die Arbeit für uns stets auch eine Übersetzungsarbeit. Zum einen in Bezug auf die Sprache, dass wir also eine andere Sprache entwickeln und benutzen, in Bezug auf die Bilder und Symbole und schließlich bei unseren Einzelbegleitungen, in denen es vielfach um ein Aufarbeiten alter, sehr schmerzvoller Erfahrungen geht.«

So weit Annekatrin.

Mir kommt das Buch *Gott 9.0* in den Sinn, in dem, basierend auf dem System der Spiral Dynamic Integral (Graves, Beck/Cowans) und der integralen Philosophie Ken Wilbers, eine Stufenfolge von neun Gottesbildern entworfen wird, die ein Ordnungssystem für das Wirrwarr an Gottesbildern zu geben verspricht – vom Mann mit dem weißen Bart, dem strafenden, patriarchalen, grausamen oder dem eher gütigen, liebenden Vater, weiblichen Gottesbildern bis hin zu Gott als dem ganz Anderen oder pantheistischen oder panentheistischen Vorstellungen. Sicher kann auch ein solches System eine Hilfe sein, sich von kindlichen Glaubensvorstellungen zu verabschieden, indem man sie einer der prärationalen Stufen (die auch immer Stufen individueller Bewusstseinsentwicklung beschreiben) zuordnet und sieht, dass die gegenwärtigen, transrational zu verortenden Stufen ganz andere Gottesbilder oder Bilder der Transzendenz bereithalten. Doch scheinen diese Gottesvorstellungen vielfach eher in den Seminaren für Kirchenferne angekommen zu sein als in den Kirchengemeinden, von deren Kanzeln oftmals weiterhin Bilder vermittelt werden, die kindliche Glaubenswelten zementieren und Menschen in Schuldgefühlen und Ängsten belassen – nur gibt es mittlerweile immer weniger, die das hören wollen. Und so besteht natürlich die Gefahr, dass sich hier Parallelwelten bilden, so wie es sie häufig hinsichtlich dem in den Kirchengemeinden verkündeten Glauben und der theologischen Forschung gibt. Die Psychotherapeutin Hanna Wolf sprach in diesem Zusammenhang schon vor 35 Jahren von einer »nahezu kompletten Schizophrenie«[44].

»Wir haben im Christentum einen unglaublichen Schatz an Kraftquellen, gerade auch in den mystischen Wegen«, sagt Annekatrin – aber viele wissen das gar nicht – »und es ist mir wichtig zu vermitteln, wie hilfreich diese für das Leben in einer Stadt wie Hamburg sein können.« »Und wir sehen«, ergänzt Stephan, »dass die Menschen sich mit der Zeit verändern, dass es wirklich ein Transformationsweg ist. Wie kann sich der verorten in einer gewachsenen Tradition? Religionen sind über Jahrtausende gewachsen und bieten eine Basis für gelingendes Leben an, und für uns ist das Christsein diese Basis mit dem Christussymbol als ein Ganzwerdungsweg, der Wandlungs- und Entfaltungsprozesse ermöglicht, um dann in der Welt sichtbar zu werden.«

In ein »survival kit für die Stadt« gehören für uns:

- ein immerwährendes Herzensgebet – das kann ein Klang, ein Symbol, ein Bild, ein Wort oder ein Satz sein, der die tiefste Sehnsucht des Herzens ausdrückt und als Mantra das Leben begleitet.
- Die Atemkraft sollte als Trägerin dieses Gebetes immer dabei sein.
- Einfachheit, Mitgefühl, Wohlwollen, Respekt.
- Bescheidenheit des langsamen Fortschritts, damit man etwas demütiger wird.
- Dieser andere Blick: »Mach nur die Augen auf und du wirst sehen, die ganze Welt ist von Gott erfüllt.« Jakob Böhme
- Und ein inneres Bild von Schönheit. Annekatrin Hennenhofer, Stephan Hachtmann

»Hauptsächlich kommen Frauen zu uns, es sind wohl zwei Drittel aller Teilnehmenden, die meisten zwischen 40 und 65, einige jünger, einige älter. Viele kommen aus Heilberufen, aus therapeutischen Zusammenhängen, viele haben bereits Vorerfahrungen, etliche kommen auch aus buddhistischen Kontexten. Sie haben festgestellt, dass auch buddhistische Praxis ein sehr komplexes Gefüge mit institutioneller Verortung ist, und fragen sich dann: Wo ist eigentlich meine Heimatsprache oder wie finde ich meine eigene authentische Sprache in meiner alten abendländischen Sprache oder Verwurzelung wieder? Eine Frau war eine Zeit lang dabei, die kam dienstags zu uns und ging mittwochs zu Sylvia Kolk – sie übte sich also in Zweisprachigkeit.«

Städte, Großstädte, sind prädestinierte Orte, um zwischen den verschiedenen Sprachen zu wählen oder auch, in seltenen Fällen, sich für Zwei- oder sogar Mehrsprachigkeit zu entscheiden.[45] Diese Möglichkeit ist sicher auch ein Aspekt urbaner Spiritualität. Was verbinden Annekatrin und Stephan mit diesem Begriff, möchte ich wissen.

»Alles, was ich erzählt habe, handelt von urbaner Spiritualität«, sagt Annekatrin spontan, »das ganze ›Projekt Spiritualität‹ ist ein urbanes Konzept, denn es ist auf dem Hintergrund der Großstadt entworfen, in der Menschen ständig von sich selbst weggeführt werden. Das Projekt ist aber nicht unabhängig von der christlichen Religion zu denken. Wir stehen für die christliche Religion, Sylvia Kolk beispielsweise steht für die buddhistische. Ich finde es auch sehr wichtig, dass es da eine deutliche Klarheit gibt, dass es da keine Vermischung, aber auch keine Entwertung des anderen gibt – doch dass ganz deutlich wird, diese Heimat, diese Verortung bekommt man bei uns.«

Stephan: »Die Leute in der Stadt suchen noch viel sehnsüchtiger nach einer inneren Anbindung, auch weil ihnen dieses verdichtete Übungsfeld der Gegensätzlichkeiten und Zweideutigkeiten täglich geradezu ins Gesicht springt. Ich brauche nur einmal durch den Hauptbahnhof zu gehen und die vielen Energien und Einflüsse zu spüren, da erlebe ich doch diesen ganzen Wahnsinn, in dem wir hier leben, hautnah. Dem standzuhalten, dafür kann eine Verortung oder eine alltägliche Praxis außerordentlich hilfreich sein. So eine Praxis kann ich zum Beispiel in der Tradition des Herzensgebetes finden, das ich überall sprechen kann, das mich auf das Eine, das Einfache, die Liebe ausrichtet, mir Halt gibt, einen Boden unter den Füßen – das ist für mich urbane Spiritualität.

Urbane Spiritualität hat auch damit zu tun, dass wir etwas von der unglaublichen Egozentrik abbauen, die wir in der Stadt herausbilden und durch die wir uns immer wieder von anderen abheben und abgrenzen wollen. Ich erlebe das bei den Leuten, die in die Kurse kommen, dass sich etwas verändert, dass sich eine andere Verbundenheit entwickelt und damit eine andere Haltung gegenüber der Stadt und ihren Menschen, auch im Sinne von Mitleiden, Mitfühlen, mich anders verbunden fühlen können. Es gibt bei vielen Stadtbewohnern eine tiefe Sehnsucht nach Heimat, Beheimatung; das, was die Menschen früher zusammengeführt hat, gibt es vielfach nicht mehr, ich glaube, heute geht es mehr um eine innere Verortung: aber gleichzeitig auch um gesunde Beziehungen und Gemeinschaft.

Jedes spirituelle Zentrum wirkt unmittelbar in die Stadt hinein, verändert sie. Wird dort zum Beispiel meditiert, entsteht ein Herz-Friedensraum und damit ein kraftvolles Feld in der Stadt selbst. Es ist meines Erachtens eine wichtige Aufgabe, solche Zentren zu schaffen, die so etwas ausstrahlen. Aber das müssen nicht unbedingt Orte sein, die sich als spirituelle Zentren definieren. So biete ich zum Beispiel einmal in der Woche in der Suchtberatungsstelle Meditation an. Es ist ein kleines Angebot unter vielen anderen in der ganzen Stadt, aber es findet an einem sozialen Brennpunkt statt, an einem Ort, an dem viel Leid und Not herrscht. Und da meditieren jede Woche zehn oder fünfzehn Leute, und das macht auch etwas mit der Einrichtung. Wenn wir am Schluss sagen, wir wenden uns noch einmal dem zu, was in uns geheilt werden möchte, und unsere Dankbarkeit ausdrücken den Menschen gegenüber, die hierherkommen, die hier arbeiten, dann verändert das etwas im gesamten Feld. Urbane Spiritualität hat die Aufgabe, spirituelle Akzente gerade in solchen Einrichtungen zu setzen.«

»Urbane Spiritualität bedeutet für mich auch«, ergänzt Annekatrin, »dass wir uns nicht ins Kloster zurückziehen, sondern in uns einen schweigenden Raum inmitten der Tumulte der Großstadt entwickeln, sodass wir mit schwebender Aufmerksamkeit – die wir in der Meditation üben – auch dieser Stadt begegnen und dadurch in beidem sind, in diesem inneren Kloster und dieser äußeren Stadt. Und das wirkt sich auch heilend auf die Großstadt aus.

Und dann geht dahin, wo es euch berührt, sagt Christian Herwartz, und guckt, wenn euch Augen anleuchten, und findet Kontakt, darin leuchtet euch Gott entgegen. Im nächsten Menschen, in der nächsten Situation Christus erkennen, das ist die große Kunst ... und dann dies nicht nur wahrzunehmen, sondern die Menschen auch noch zu lieben, was ja noch anspruchsvoller ist.« Wir lachen, angesichts des mit diesem Anspruch immer wieder vorprogrammierten Scheiterns.

»Oder dieser wunderbare Satz von Jacob Böhme«, ergänzt Annekatrin: »›Mach nur die Augen auf und du wirst sehen, die ganze Welt ist von Gott erfüllt.‹ Das ist ein Übungsspruch für die tägliche Praxis. Wie oft ist man genervt von der Stadt, von den Leuten, von Lärm und Hektik, welche Wut ergreift einen dann oft – und damit innerlich spirituell zu arbeiten, das ist die Herausforderung. Aber dazu brauche ich einen Übungsweg, eine Idee von Weg oder eine Gemeinschaft als Versicherung, dass das alles schon dazugehört zum Lernen, ein vom Göttlichen erfüllter Mensch zu werden, der das auch ausstrahlt.«

Dass alles immer schon dazugehört ... In diesem Bewusstsein verlasse ich die beiden schließlich und mache mich auf den Weg zurück nach Altona. In der voll besetzten U-Bahn sitzend kommt mir der Satz von Jacob Böhme wieder in den Sinn. Ich schließe die Augen, öffne sie wieder und sehe ...

www.projektspiritualität.de

UNSER MENSCHSEIN ALS ABENTEUER BEGREIFEN

Sylvia Kolk

> *»Städte sind eine Ansammlung von Menschen, die sich alle verwirklichen wollen oder voneinander abgrenzen, eine Ansammlung von verwirrten, irritierten Menschen, die aber auch viel Qualität, Sehnsucht und Potential in sich tragen. Das ist die Ausgangslage des Menschseins, aber auch der Erleuchtung.«*
> *Sylvia Kolk*

Am nächsten Mittag mache ich mich auf den Weg, um Sylvia Kolk zu treffen. Sie ist seit fünfzehn Jahren als buddhistische Lehrerin tätig; von Ayya Khema wurde sie dazu ermutigt und autorisiert. Sie ist Ende fünfzig und war in der Erwachsenenbildung tätig, hat das Frauenbildungszentrum Zülpich mit aufgebaut und als Survivaltrainerin gearbeitet. Im Jahr 2000 fand ein von ihr und Sylvia Wetzel organisierter Kongress zum Thema *Frauen und Buddhismus* in Köln statt, von dem damals sogar die der Sympathien für spirituelle Aktivitäten gänzlich unverdächtige *Emma* positiv berichtete und von dem die Zuversicht ausging, dass sich zwei unterschiedliche Bewegungen – Buddhismus und Feminismus – befruchten und inspirieren könnten. Wir treffen uns vor dem Zentrum, das Sylvia bald verlassen wird. Es besteht aus einem Vorraum mit Küchenzeile, einem Büroraum, zwei Toiletten sowie einem großen, hellen Raum, in dem ihre Gruppen, Meditationsabende und Wochenenden stattfinden. Vor etwas mehr als zehn Jahren hat sie hier in Hamburg damit begonnen, ein Konzept zu entwickeln und umzusetzen, das sie *Buddhistische Stadtpraxis* nennt. Zuvor hatte sie zwanzig Jahre auf dem Land gelebt, war dann in die Stadt gezogen und sah sich auf einmal mit Fragen konfrontiert, die viele spirituell interessierte Menschen in der Stadt begleiten: Wie kann man sich der Vielzahl von Sinneseindrücken öffnen, aber nicht darin verloren gehen? Wie kann man bei sich bleiben und gleichzeitig in Beziehung leben?

> »Buddhistische Stadtpraxis ist als Resonanz auf das unmittelbare Erleben der Menschen in der Stadt entstanden, aus der Frage, wie wir erkennen können, was nicht so hilfreich und günstig läuft, ohne uns dafür zu beschuldigen. Um dann zu schauen, ob es etwas gibt, das uns unterstützt, tiefer und freier zu reifen. Und da hat der Buddha meines Erachtens gute Antworten gefunden, die auch heute noch relevant sind.« Sylvia Kolk

Der formale Rahmen ist schnell beschrieben: *Buddhistische Stadtpraxis* findet in Form von Kursen statt, die vierzehntägig abgehalten werden, abends drei Stunden dauern und über einen Zeitraum von drei Monaten hinweg laufen. Hinzu kommt noch ein ganzer Tag (vgl. MBSR-Kurse = achtsamkeitsbasierte Kurse zur Stressreduktion). Dann sind drei Monate Pause, bis wieder ein neuer Kurs beginnt. Die Kurse haben jeweils einen thematischen Schwerpunkt. Bei jedem Termin werden bestimmte Aspekte dieses Themas behandelt und es gibt stets dezidierte Hausaufgaben, wozu auch Meditation gehört. Ein Kursabend besteht gewöhnlich aus gemeinsamer Meditation, Austausch in Kleingruppen über die Hausaufgaben, Impulsen in Form von Übungen oder einem Vortrag von Sylvia. Dann wird die neue Hausaufgabe vorgestellt und es gibt noch eine Abschlussmeditation. Es gibt zwei Gruppen, die bereits seit zehn Jahren bestehen und eine Gruppe gibt es, fast unverändert, seit vier Jahren. Zu dieser Gruppe stoße ich am Abend. Das Thema ihres Dreimonatskurses ist ›Achtsame Kommunikation‹. Knapp 30 Menschen, überwiegend Frauen, sitzen auf Sitzkissen, Bänkchen oder auf Stühlen in der Runde. In der Mitte stehen eine Kerze und Blumen. Keine Buddhastatue oder ein ähnliches religiöses Symbol. Es herrscht eine lebhafte, warme, freundliche Atmosphäre, Neuankommende werden herzlich begrüßt und willkommen geheißen, und ich erinnere mich an Sylvias Wort vom Mittag: »Für mich ist das Wichtigste, es hier so menschlich wie möglich zu halten, nicht so buddhistisch wie möglich.« Und dennoch geht es bereits im einführenden Grundkurs um die buddhistischen Vorstellungen von der Natur des Leidens und der menschlichen Existenz. In allen Kursen wird der Frage einer ethischen Ausrichtung große Priorität eingeräumt. Ich geselle mich zu einer Kleingruppe, in der es um Lob und Kritik geht. Die Frauen berichten, welche Erfahrungen sie in den letzten beiden Wochen damit gemacht haben, sich hinsichtlich dieser Fragestellung näher zu beobachten, welche Schwierigkeiten jeweils für sie damit verbunden waren, positives Feedback zu geben oder kritische Worte zu äußern – gegenüber Schülern, so die Lehrerinnen, oder gegenüber Kolleginnen oder ›Untergebenen‹, so die Vorgesetzten in ihrem jeweiligen Arbeitsbereich. Und es geht darum, wie man auf eine Weise Kritik äußern kann, dass darin Verbundenheit und nicht Trennung erfahrbar wird und zwar für beide Akteure. »Ich bekomme einen Anstoß durch die Hausaufgaben«, sagt Marlene, mit der ich nachmittags spreche, »die Gelegenheit, mich zu überprüfen. Im Austausch mit anderen tut es mir dann gut zu erfahren, dass sie ähnliche Probleme und Fragen haben. Nach einiger Zeit Stadtpraxis hatte ich das Gefühl, zum ersten Mal in meinem Leben wirklich eine Therapie gemacht zu haben, mich selbst, aber auch andere zu verstehen. Wo hat man sonst einen Raum, darüber zu reden, darüber nachzudenken, wie man zum Beispiel mit bestimmten Fragen ethisch umgeht? Nur selten tauscht man sich über solche Dinge im Freundeskreis aus. In der Stadtpraxis sind das wichtige Themen und dabei sind die eigenen Grenzen zu spüren und zu respektieren.«

Immer wieder kommt mir an diesem Abend in der Gruppe in den Sinn, was Sylvia mittags als ihren größten Wunsch formulierte:

»... dass Menschen sich nicht schämen und schuldig fühlen, sondern den Mut aufbringen und sich zeigen können. Wahrhaftigkeit ist ein sehr wichtiges Thema hier und dass das Scheitern, die Schattenseiten formuliert werden. Wir suchen, bei uns die Fähigkeiten zu stabilisieren, wahrhaftig zu sein, mit dem, wie wir geworden sind. Es gibt wenig Scheinheiligkeit hier und wenig Moral, aber es gibt unser aller Fähigkeiten und den Wunsch, sich zu entwickeln und sich darin zu unterstützen. Dazu ist es wichtig, dass die Menschen sich hier willkommen fühlen, so wie sie sind, sie haben erst einmal eine Art Schonraum, in dem jeder auf seine Weise lernen kann, mit sich authentisch zu sein. Eine wichtige Frage ist: Was brauchst du, dass du hier gut sein kannst?«

Welches Veränderungs- und auch Heilungspotenzial in diesem Ansatz liegt, wird für mich in den Gesprächen mit drei Frauen aus ihren Gruppen sehr deutlich. Eine ist seit zehn Jahren dabei, die anderen beiden seit vier. Wir treffen uns im neuen, künftigen Zentrum der *Buddhistischen Stadtpraxis*. Es ist nicht weit von dem alten entfernt, hat aber eine ganz andere Organisationsstruktur, denn anders als das alte, wird es von einem Verein getragen, der aus Mitgliedern der Gemeinschaft, der *Sangha* besteht, einem Verein, in dem Sylvia zwar Ehrenrätin ist, aber ansonsten keine Position bekleidet. Sie wird, so ist geplant, weiterhin für die *Buddhistische Stadtpraxis* zuständig sein, aber auch da übernehmen langjährige Schülerinnen und Schüler allmählich verantwortliche Aufgaben. Das Konzept dieser Stadtpraxis wird inzwischen auch in anderen

Städten umgesetzt. Der neue ›Zufluchtsort‹ setzt darauf, dass diese Art der Praxis zu großer Verbindlichkeit und Reife führt, aber auch schon das Resultat davon ist. Nur so kann die Praxis von einer Gemeinschaft weitergeführt werden, sodass Kontinuität, Freiheit, Globalität, Verbindlichkeit daraus erwachsen. Entwickelt werden soll auch in gemeinsamer Arbeit eine Art Leitbild für das Miteinander in einem solchen Zentrum. Es ist ein Experiment, buddhistische Praxis so in unsere Zeit zu holen, dass sie ihre Tiefe nicht verliert, aber die tragenden Säulen ihrer Implementierung demokratische Strukturen, Selbstverantwortung und persönliches Wachstum sind. »Ich wünsche mir, dass das Dhamma die Menschen von innen her aufrichtet und nicht von außen, von einer Form her, das ist auch möglich, aber es ist nicht meine Art«, sagt Sylvia.

In ein »survival kit für die Stadt« gehören für mich:

- den Mut zu haben, sich anzuvertrauen, das heißt, mit sich selbst in Kontakt zu gelangen und zu einer Wahrhaftigkeit zu kommen, mit sich ehrlich zu sein;
- die Sehnsucht zuzulassen, sich verbinden zu wollen;
- den Mut zu haben, dem Wunsch nach Verbundenheit nachzugehen und zu erkennen, dass diese Verbundenheit alles Menschsein einschließt, was wir in der Stadt erleben. Daraus kann sich eine ganz neue Liebe zum Leben entwickeln;
- dem Menschen in mir selbst zu begegnen in seiner Unmittelbarkeit, wie er gerade hier und jetzt ist, geworden ist und sich von hier aus weiterentwickelt, und dies als Abenteuer zu begreifen: Ich weiß nicht, wer ich bin;
- Interesse und Neugier an Reifungsprozessen und Entwicklung;
- zu erkennen, wie wunderschön es ist, Mensch zu sein;
- die Fülle der Stadt im eigenen Menschsein wahrzunehmen. Sylvia Kolk

www.sylvia-kolk.de

WEIL MIR JETZT ERST MORGENS ZUM LÄCHELN ZUMUTE IST

Monika, Annette und Marlene

»Die Stadtpraxis finde ich sehr hilfreich, sowohl von der Begleitung durch Sylvia her als auch durch die praktische Schulung, wichtige Fragen des täglichen Lebens an konkreten Aufgaben auszuloten, Achtsamkeit zu üben und sich mit anderen auszutauschen.« Annette

»Nach einem halben Jahr Stadtpraxis hatte ich das Gefühl, ich begreife zum ersten Mal, wie Menschen funktionieren.« Marlene

»Ich bin friedlicher geworden, früher war ich wesentlich härter und aggressiver, ich bin mir selbst gegenüber weicher geworden, aber auch anderen gegenüber, und das ist auch von anderen sehr wahrgenommen worden.« Monika

Drei Frauen haben sich in dem neuen Zentrum eingefunden, bereit, mir von ihren Erfahrungen mit der *Buddhistischen Stadtpraxis* zu berichten. Auch hier ist das Herzstück des Zentrums ein großer, heller Raum. Es riecht überall noch nach frischer Farbe. Mich interessiert vor allem, was sich für sie verändert hat im Laufe der Jahre – bei Monika sind es zehn, bei Annette und Marlene vier –, die sie an dieser Praxis teilnehmen.

»Die Veränderungen durch die Stadtpraxis empfinde ich für mich als ganz umwerfend«, sagt Annette, ich schätze sie auf Mitte bis Ende dreißig, sie erhält aber schon eine kleine Rente, weil sie an MS erkrankt ist und nur noch sehr eingeschränkt erwerbsfähig ist. Von ihrer Krankheit erzählt sie eher beiläufig, weniger im Zusammenhang mit damit verbundenen Einschränkungen, sondern eher als Möglichkeit, auf diese Weise ihr Leben mehr auf Meditation und Spiritualität ausrichten zu können.

»Ich habe noch einen kleinen Minijob, und zwar räume ich morgens die Regale in einem Laden ein und arbeite da in einem Team mit vier Leuten. Dabei habe ich festgestellt, dass sich die Spannungen und Reibereien, die in einem solchen Team zwangsläufig auftauchen, durch meine Meditation und Ethikübungen ganz stark vermindert haben. Das war eine tolle Erfahrung. Deshalb möchte ich den Job auch nicht missen, selbst wenn es nur ein paar Stunden sind, aber ich habe da einen Spiegel, in dem ich sehen kann, was sich eigentlich in mir tut, was sich durch die Meditation ändert. Und es war für mich sehr schön, dass Mitarbeiter mir gesagt haben, wie gern sie mit mir zusammenarbeiten, weil ich immer so freundlich lächle, aber das tue ich eben auch erst, seitdem ich meditiere, weil mir jetzt erst morgens zum Lächeln zumute ist. Wenn ich zur Arbeit fahre, mache ich oft

Metta-Praxis in der U-Bahn, und das strahle ich dann auch aus. Wenn ich in den Laden komme und mich friedvoll und voller Liebe fühle, ist das natürlich etwas ganz anderes, als wenn ich nur denke: Ach, was bin ich doch so krank, welch harter Job, warum muss es wieder regnen und so weiter. Das macht natürlich einen großen Unterschied.

Ich habe keine Disziplinprobleme, mich regelmäßig hinzusetzen und zu meditieren, brauche aber noch etwas darüber hinaus, Buddhismus ist ja noch viel mehr, als nur auf dem Kissen zu sitzen und zu meditieren. Für mich bedeutet Buddhismus vor allem zu lernen, wie man mit sich und mit den Mitmenschen besser umgeht.«

Auch Marlene, sie ist jetzt seit vier Jahren dabei, hat von anderen gespiegelt bekommen, dass sie sich verändert hat.

»Ich komme aus dem sozialen Bereich und leite seit vielen Jahren Gruppen, aber es war für mich eine Offenbarung zu sehen, es geht im Grunde allen Menschen ähnlich, im Grunde treibt uns das Gleiche an, wir alle wollen glücklich sein und möglichst wenig leiden. Nur unsere Mittel, das zu erreichen, sind oft sehr unterschiedlich. Im letzten Jahr hatten einige Menschen große Probleme mit mir in der Arbeit. Ich bin leitend tätig, es waren beträchtliche Probleme, aber am Ende des Jahres bekam ich von ihnen zum ersten Mal ein Geschenk und sie sagten, es habe sie sehr beeindruckt, wie ich diese Zeit mit ihnen durchgestanden hätte, sie würden sehen, dass ich etwas für mich tue und wie das positiv ausstrahlt.«

Monika, die seit zehn Jahren an der Stadtpraxis teilnimmt, hat im Laufe der Jahre einen genauen Blick auf die eigenen Gedanken und Gefühle entwickeln können.

»Ich fahre täglich mit öffentlichen Verkehrsmitteln zur Arbeit und nehme jetzt viel schneller wahr, wenn ich abwertende Gedanken gegenüber Menschen habe. Das fiel mir früher gar nicht auf. Ich fühlte mich immer so im Recht in meinen Urteilen über andere. Ich empfinde heute Mitgefühl. Zwar kommen mir immer noch abwertende Gedanken in den Sinn, aber ich spüre viel eher: Was machst du da? Du distanzierst dich ja schon wieder. Ich kann dann schneller einen Stopp setzen und wieder in die Verbundenheit gehen. Das tut mir ja auch gut. Es tut mir nicht gut, wenn ich in die Distanzierung und Abwertung gehe. Und ich nehme die vielen Eindrücke der Werbeplakate überall hier in der Stadt wahr, denen man fortwährend ausgesetzt ist, und ich spüre, wie nervös mich das macht. Und dann schließe ich oft einen Sinneskanal, die Augen, und spüre, dass es die Situation für mich vereinfacht. Mir wird immer öfter bewusst, welchen Sinnesreizen ich ausgesetzt bin und was das mit mir macht, kenne aber jetzt Wege und Mittel, mich davor ein Stück weit zu schützen.«

»Ich fahre jetzt oft mit geschlossenen Augen Bus«, ergänzt Marlene, »und achte dabei auf meinen Atem, und das Busfahren ist dadurch viel entspannender.«

»Manchmal achte ich nur auf die Geräusche, das ergibt eine ganz andere Wahrnehmung von Zeit, habe ich festgestellt«, sagt Monika.

Ich will wissen, was sich für die Frauen in ihrer Wahrnehmung und ihrem Erleben der Stadt und deren Bewohner im Laufe der Jahre verändert hat.

»Mir fallen die grünen Flächen in Hamburg mehr auf, ich gehe bewusster, ohne das jetzt ›Gehmeditation‹ nennen zu wollen. Ich schaue mir die Alster zum Beispiel genauer an. Wasser bietet einem viele Möglichkeiten der Beobachtung, weil es sich ständig verändert, je nach Wind, je nach Licht. Ich habe das Gefühl, in einer sehr, sehr grünen Stadt zu leben, und das genieße ich. Ich bin schnell reizüberflutet, auch durch die Krankheit, so gönne ich mir, wenn ich an der Haltestelle stehe, einfach zu spüren: Wie stehen meine Füße jetzt? Oder ich gehe mit der Aufmerksamkeit kurz durch den Körper. Das ist für mich eine gute Methode, die Reize zu reduzieren. Oder ich achte auf nette, angenehme Situationen oder, angeregt durch die Ethikschulung, darauf, wo ich helfen und andere unterstützen kann. Ich trainiere mein Körpergefühl in Wartesituationen, muss mich aber immer wieder daran erinnern, nicht eilen zu müssen. Heute habe ich es auch wieder auf dem Weg hierher gemerkt, es waren mir Leute im Weg, und da dachte ich, wieso sind sie mir im Weg, ich habe Zeit, bin wie immer zu früh, also lass sie doch einfach vorgehen.« (Annette)

»Ich sehe viel Leid hier in der Stadt und spüre oft ein großes Mitgefühl«, sagt Marlene, »frage heute vielleicht manchmal bewusster: Kann ich helfen? Brauchen Sie Hilfe? Probleme habe ich mit Bettlern, die mir aufdringlich erscheinen, da empfinde ich oft großen Widerwillen. Aber nachdem wir in der Gruppe über Großzügigkeit gesprochen haben, habe ich in der Tasche immer etwas Geld, das ich dann quasi automatisch gebe, aber das ist für mich noch ein schwieriger Punkt. Das Gute ist für mich, dass wir diese Fragen und Probleme in der Stadtpraxis thematisieren. Ich erinnere mich, dass eine Teilnehmerin in diesem Zusammenhang sagte, ich gebe nur Lebensmittel, die Leute müssen mit mir einkaufen gehen. Alle lachten, und Sylvia sagte: ›Warum bestimmst *du*, was der andere mit deinem Geld macht?‹ Wo hat man sonst einen Raum, darüber zu reden, darüber nachzudenken, warum ich das bestimmen will, was andere mit meinen Gaben machen. Über so etwas redet man normalerweise kaum mit Kollegen oder im Freundeskreis.«

»Bei den Bettlern empfinde ich ähnlich, gerade bei Männern, die ich als aufdringlich und unangenehm empfinde, aber dann kann ich auch wieder mein Herz öffnen und denken, wir kommen alle vom gleichen Ursprung, und ich habe einfach Glück gehabt, auf dieser Seite des Lebens zu stehen. Und dann vermag ich auch wieder ein Stück Verbundenheit spüren und etwas geben. Das ist aber auch für mich ein Geschenk, diese Verbundenheit zu spüren. In meinem Beruf habe ich viel mit Leid zu tun, ich arbeite mit schwerbehinderten Menschen, und oft kann ich ihnen keine Arbeit vermitteln, aus den unterschiedlichsten Gründen, aber was ich tun kann, ist, mir Zeit zu nehmen und ihnen einfach nur zuzuhören, also in eine Beziehung zu ihnen zu treten.« (Monika)

»Würdet ihr euch heute als Buddhistinnen bezeichnen?«, frage ich zum Abschluss.

»Ich habe irgendwann festgestellt, dass ich keine Buddhistin bin, zumindest nicht im religiösen Sinn. Ich finde die Methode unglaublich überzeugend, weil sie sehr pragmatisch ist, aber ich würde mich nicht als Buddhistin bezeichnen, auch weil ich keine neue Identifikation will. Ich stehe auch den mehr religiösen Ausrichtungen, wie sie traditionelle buddhistische Zentren verkörpern, ambivalent gegenüber, der Verehrung von Gottheiten oder Gurus oder dem Gedanken an Karma und Reinkarnation. Ich genieße das Leben viel zu sehr, als dass ich denke, das Leben ist vor allem Leiden, und ich möchte auf keinen Fall wiedergeboren werden. Es gibt so viel Schönheit, und ich habe da ja auch einen christlichen Hintergrund und von daher auch einen anderen Blick auf die Welt. Das kann ich nicht leugnen. Aber ich hatte ziemlich schnell das Gefühl, hier richtig zu sein. Ich brauche nicht mehr weiter zu suchen, hier will ich bleiben.« (Monika)

»Mir erscheint es überflüssig, mich als Buddhistin zu bezeichnen, ich fühle mich aber dieser Tradition mittlerweile am tiefsten verbunden oder verpflichtet und suche auch nicht mehr. Ich könnte keinen Aspekt der Lehre nennen, der mir unangenehm aufstößt. Ich will auf keinen Fall wiedergeboren werden, und wenn ich das verhindern kann, dann will ich ganz fleißig üben, um das zu erreichen.« (Annette)

»Ich würde sagen, ich übe, den buddhistischen Weg zu gehen oder die buddhistischen Lehren umzusetzen, und wenn ich die Lehren ernst nehme, dann muss ich sie in mein Leben integrieren und das hat Konsequenzen. Und ich habe lange darüber nachgedacht, ob ich dazu bereit bin. Und habe festgestellt, ja, das bin ich. Und das ist dann nicht mehr beliebig. Aber Buddhistin, nein, so sehe ich mich nicht, aber schon als jemand, die auf dem Weg ist.« (Marlene)

In ein »survival kit für die Stadt« gehören für uns:

- in hohem Maße Toleranz,
- Achtsamkeit,
- Metta-Praxis,
- Übungen, die das Leben vereinfachen,
- Entschleunigung,
- Wichtiges von Unwichtigem unterscheiden können,
- erkennen, was die Basis von dem ist, was ich brauche,
- mitzubekommen: Was tut mir gut und was nicht,
- erkennen: Ich brauche immer weniger.

Monika, Annette, Marlene

ZEN IM PFARRHAUS

Bevor ich den Zug zurück nach Berlin nehme, gehe ich zur Christuskirche in Altona, um an einer Zen-Meditation teilzunehmen. Sie findet in einem der Pfarrhäuser statt und wird geleitet von Christoph Roethel. Er ist der Regisseur von *In Tau gekleidet*, einem Theaterstück, dessen Grundlage das Buch *Street Zen* von David Schneider ist, das vor Kurzem wieder aufgelegt wurde. Auch dieses Buch hat viel mit urbaner Spiritualität zu tun, beschreibt es doch das Leben von Issan Dorsey, einem schwulen, lange Jahre drogenabhängigen Mann, der im San Francisco der 1960er-Jahre dem Zen-Buddhismus im Zentrum des japanischen Zen-Meisters Shunryu Suzuki begegnet und der später, auch gegen Widerstände, dass dies mit Zen-Praxis doch nichts zu tun habe, das erste Aidshospiz in einem Zen-Zentrum eröffnete. Issan Dorsey, der selbst an Aids starb, hat mich immer zutiefst beeindruckt, verkörpert er doch eine moderne Bodhisattva-Figur, die Bereiche konsequent zusammengebracht hat (im Innen wie im Außen), und das halte ich für ein wunderbares Leitbild spiritueller Stadtpraxis. Gesehen hatte ich das Einpersonenstück vor einigen Wochen in der Nähe von Berlin, wo

es in der Aula einer Suchtklinik aufgeführt wurde. Großartig verkörpert von dem Schauspieler Karl Maslo, trieb mir die Figur Issan Dorsey in ihren Freuden und Leiden immer wieder Tränen in die Augen, aber ich spürte, dass dies auch mit dem ganzen Umfeld etwas zu tun hatte. Ich saß inmitten von vielleicht hundertfünfzig suchtkranken Menschen, und den meisten werden sowohl die schrägen, schrillen, tuntigen Facetten Dorseys fremd gewesen sein als auch das im letzten Drittel des Stücks gezeigte Zen-Umfeld mit Ritualen, Niederwerfungen und Rezitationen. Es herrschte aber bis zum Schluss eine gebannte Stille im Saal, die erst durch einen langen Beifall am Ende durchbrochen wurde. Ich hatte das Gefühl, wir alle haben einen Geschmack von der Sehnsucht, die Issan trieb, erhalten und verstanden, dass sie sich nicht wirklich von der unsrigen unterscheidet, auch wenn unsere Leben noch so verschieden sein mögen. Auch hier spürte ich wieder sehr deutlich diese uns alle tragende Verbundenheit, derer wir in glücklichen Momenten wie diesen gewahr werden können. Und selbst wenn sie uns nicht bewusst wird, nährt sie uns – davon bin ich tief überzeugt.

Im Pfarrhaus angekommen, begrüße ich Christoph. Er trägt eine schwarze Zen-Robe und steht in dem kleinen Vorraum zu dem einige Stufen tiefer liegenden Meditationsraum. Ich lasse meine Tasche bei der Garderobe stehen, steige die Stufen hinab und setze mich auf ein Kissen im Meditationsraum. Außer mir sitzen noch einige andere Frauen auf Bänkchen oder Kissen, einige schon meditativ versunken, andere wartend und verstohlen umherschauend, so wie ich. Die Gruppe steht in der Rinzai-Tradition, wie sie von der deutschstämmigen Zen-Meisterin Prabhasa Dharma Roshi in den 80er- und 90er-Jahren des letzten Jahrhunderts vermittelt wurde. Sie war meine erste Zen-Lehrerin, und so ist es mir, als schlösse sich heute Abend, kurz bevor ich Hamburg wieder verlasse, ein Kreis für mich, der lange unterbrochen war. Christoph zeigt einer offenkundig zum ersten Mal meditierenden Frau, wie man korrekt sitzt. Anders als Sylvia Kolks Ansatz, dass die Menschen sich durch die buddhistische

Lehre von innen her aufrichten, werden im Zen die Menschen zuallererst von außen aufgerichtet. Und auch das hat seine Schwierigkeiten und Tücken, denn es wirkt viel weniger einladend, sondern sofort Maßstäbe setzend – zumindest die einer aufrechten Sitzhaltung, die man bewegungslos für einige Zeit ›durchhalten‹ muss. Nach dem Schlagen von Hölzern und einigen Glockenklängen beginnen die Rezitationen – so kraftvoll und durchdringend, wie ich es selten zuvor erlebt habe. Das geht mir in Mark und Knochen. Danach Stille, und in dieser Stille spüre ich zunächst Gefühle leichter Panik, so als sauste da ein Fahrstuhl mit mir in schwindelerregende Tiefe. Bald dringen von draußen Laute, nicht wieder abebbende Geräusche herein. Und statt diese Tiefen weiter auszuloten, beschäftigt mich jetzt vorwiegend der Gedanke, ob draußen wohl jemand die Taschen durchsucht und meine Brieftasche klaut und wie ich mir dann noch eine Fahrkarte kaufen und nach Berlin kommen kann. Meine Fantasie blüht. Als ich nach dem Schlagen der Hölzer und einiger Glockenklänge bei der Gehmeditation rausgehe, laufe ich einem indischen Swami fast in die Arme. Er, ganz traditionell in orange Gewänder gehüllt und mit weißen Strichen auf der Stirn, ist von Westlern umgeben, die Meditationsmatten und Kissen in einen Nebenraum schleppen. Wie bunt geht es doch mittlerweile in unseren Städten zu, denke ich, da bin ich in einem evangelischen Pfarrhaus, wo in dem einen Raum Zen-Buddhismus geübt wird, in einem anderen hinduistische Meditation. Ich schnappe mir meine Tasche, meine Geldbörse ist – natürlich – noch da, laufe zur nächsten U-Bahn-Haltestelle und fahre zum Bahnhof. Dort habe ich noch etwas Zeit und will mir den Raum der Stille im Bahnhofsgebäude anschauen. Zwei Mal muss ich fragen, weil ich ihn nicht so ohne Weiteres finde und auch keine Hinweisschilder sehe. Schließlich stehe ich vor einer Tür mit einem Schild, das besagt, der Raum der Stille sei leider nur unregelmäßig geöffnet, weil es zu wenig Ehrenamtliche gebe, die Aufsicht halten. Aber er wäre ohnehin jetzt um 19 Uhr bereits geschlossen gewesen. So bummle ich noch etwas umher und mir fallen die vielen Polizisten im Bahnhof und auf den Bahnsteigen auf. Auch in Berlin sind sie unübersehbar. In der schon ziemlich menschenleeren Halle am Bahnhof Südkreuz patrouillieren zwei Polizisten mit Maschinengewehren. Ich habe das Gefühl, nach diesen drei Tagen in Hamburg wieder in eine andere Welt und Zeit zu fallen, doch dann wird mir klar, dass das so nicht stimmt. Es ist dieselbe Welt. Auch das ist Stadt, städtisches Leben, nur in anderen Facetten. Am Abend sehe ich im Fernsehen, wie bundesweit überall in den Städten, vor allem an Bahnhöfen und Flughäfen, aber auch an Zufahrtsstraßen Polizisten sind, weil es Hinweise auf irgendwelche Terroranschläge gegeben hat, Sprengstoff, der gezündet werden soll, an Orten, wo viele Menschen versammelt sind, vielleicht auch auf Weihnachtsmärkten. Was kann da spirituelle Stadtpraxis ausrichten, frage ich mich etwas resigniert. Doch sofort kommt mir wieder ganz deutlich das Bild der vielen brennenden Kerzen in den Sinn, dem Licht, das wir füreinander sind, wenn wir uns aneinander entzünden und das Licht weitertragen. Auch das ist Stadt – und es geschieht ständig und überall.

www.zen-meditation-hamburg.de

EIN TRAUM

Ich stehe auf dem Bahnsteig und warte auf die U-Bahn. Eine Stimme ertönt durch den Lautsprecher: »Bitte beachten Sie, die nächste U-Bahn wird sich leider wegen einer Störung im Betriebsablauf um wenige Minuten verspäten. Wir bitten um Entschuldigung und hoffen, dass Ihnen daraus keine größeren Unannehmlichkeiten entstehen. Bitte bedenken Sie, auch diese Zeit des Wartens ist Lebenszeit. Sie können diese Zeit nutzen, sich Ihres Körpers wieder einmal bewusst zu werden.« Schließlich kommt die U-Bahn und ich steige ein. An der gegenüberliegenden Seite hängt über dem Fenster der Spruch »Lächeln kostet nichts«. Daneben ein Smiley. Ich grinse eine Mitfahrende an, sie grinst zurück. Als ich aussteige, ertönt eine Stimme aus dem Lautsprecher am Bahnhof: »Bitte achten Sie darauf, Menschen, die in Not sind und der Hilfe bedürfen, nicht zu übersehen. Informieren Sie eventuell das Aufsichtspersonal.« Ich gehe die Treppen zur Straße hoch und wende mich in Richtung Büro. Auf der belebten Straße wuseln viele Menschen herum. Es ist eine Fahrradstraße, gesperrt für den Autoverkehr. An einer Ecke lese ich anstatt des üblichen *WLAN-spot: hot-spot-silence.* Ich folge dem Schild in einen kleinen Hinterhof hinein. An einer Wohnung zu ebener Erde mit Tür und Fenster direkt zum Hof hängt ein großes Schild im Fenster, auf dem *Raum der Stille, 24 Stunden geöffnet* steht. Ich betrete die Wohnung, die im Wesentlichen aus zwei großen Zimmern besteht. Das eine Zimmer ist fast leer, bis auf einige Kissen in einer Ecke und einige bequeme Stühle. Zwei Menschen sitzen hier in Stille beieinander. Im anderen großen Raum liegen Tatamis und Decken auf dem Boden. Mehrere Leute liegen hier und machen wohl ihr Mittagsschläfchen. Orte wie diese gibt es mittlerweile viele in der Stadt, an den unterschiedlichsten Stellen. Auch an von Touristen sehr frequentierten, wie dem Potsdamer Platz oder dem Gendarmenmarkt zum

Beispiel. Hier haben zum Teil große Hotels Zimmer zur Verfügung gestellt, die als Räume der Stille jederzeit nutzbar sind. Da die Hotels damit indirekt auch Werbung für sich machen, sind es nicht die kleinsten Zimmer, manchmal sogar ganze Suiten, die sie dafür freigegeben haben. Auch Firmen haben entsprechende Räume für ihre Mitarbeiter eingerichtet, meist können sie auch problemlos von Firmenfremden benutzt werden. In der Friedrichstraße hat ein großes Autohaus einen Raum zur Verfügung gestellt, ebenso wie in einer Nobelboutique ein Showroom Stille Suchenden zur Verfügung steht. Inzwischen wirbt Berlin mit seinen vielen Räumen der Stille, und in den touristischen Infobüros kann man eine Broschüre mit den entsprechenden Adressen bekommen, natürlich stehen sie auch im Internet. Solche Broschüren gibt es aber auch in den Bezirksämtern, den Arbeitsämtern oder Jobcentern. In anderen Stadtteilen sind es oftmals Kirchenräume, leer stehende Läden, Wohnungen, Yogainstitute, Volkshochschulen oder auch Restaurants, in denen es solche Räume gibt. In Restaurants, die mehr als einen Raum haben, kann man sich mittlerweile oft aussuchen, ob man miteinander oder alleine in einem Raum der Stille sitzen und essen will oder sich unterhalten möchte.

Ich setze mich für eine Weile zu den beiden Leuten im *Raum der Stille*, schließe die Augen und genieße die Stille. Dann zieht es mich wieder nach draußen. Das Vogelzwitschern in dem kleinen Hinterhof höre ich auf einmal viel intensiver. Von der Kirche nebenan ertönen die Glocken. Einige Passanten bleiben kurz stehen und gehen erst weiter, als sie verklungen sind. Im Schaukasten vor dieser, heute als Citykirche genutzten Kirche lese ich, dass um 13 Uhr eine Klangkünstlerin ihre neue Installation vorstellen wird: *Hidden but ever present.* In dieser Kirche finden regelmäßig Kunstaktionen statt, bei denen es um neue Hör-Erfahrungen geht. Heute Abend wird es dort einen Vortrag zum ›Herzensgebet‹ geben. Ich gehe weiter zur Post, weil ich Briefmarken brauche. Die Schlange ist diesmal nicht sehr lang. Als ich an der Linie angekommen bin, an der man warten soll, bis ein

Schalter frei ist, entdecke ich ein Schild, auf dem steht: »Einatmend weiß ich, dass ich lebendig bin. Ausatmend weiß ich, dies ist ein wundervoller Moment.« Wieder draußen, sehe ich eine Gruppe von Leuten mit Lastenfahrrädern vorbeiradeln. Die Fahrerinnen und Fahrer sind oft gar nicht zu sehen, weil die Pflanzen, die sie darauf transportieren, so groß sind. Auf einem Plakat lese ich: »Der mobile Garten ›Grüner Daumen‹ zieht um. Ihr findet uns jetzt ...« Schade. Nun wird auf dem Gelände, das diesen Garten im letzten Jahr beherbergt hat, wohl doch gebaut. Wieder fällt mir auf, wie grün es hier im Stadtteil in letzter Zeit geworden ist. Der Blumenladen hat wohl sein ganzes Sortiment auf dem Bürgersteig ausgebreitet, aber auch die Bäckerfrau hat sich des Erdreichs um einen der kleinen Bäume angenommen, die das Bezirksamt hier flächendeckend eingepflanzt hat, und Stiefmütterchen und Tulpen gepflanzt. Viele Anwohner haben es ihr nachgemacht. Neben der Bäckerei hat ein neuer Laden aufgemacht. Hier wird das Gemüse mehrerer Gemeinschaftsgärten verkauft. In der Nähe meines Büros ist eine neue Moschee gebaut worden, und der Ruf des Muezzin ist meist deutlich zu vernehmen. So auch jetzt. Eine sehr warme, melodiöse Stimme – und gute Lautsprecher. Einige Passanten bleiben stehen und gehen erst dann weiter, als die Stimme verklungen ist. An der Brandmauer eines Hauses sehe ich ein großes, buntes Plakat, auf dem für Freiwilligenarbeit geworben wird. In einem kleinen offenen Schaukasten gibt es eine Liste, wo für Projekte Mithelfende gesucht werden – für Schülernachhilfe, bei der Betreuung von Räumen der Stille, der Gemüseernte, einem Besuchsdienst für ältere Menschen, der Kinderbetreuung, als Facilitators bei selbstorganisierten Achtsamkeitsgruppen, bei der hiesigen Suppenküche. Es gibt auch eine Liste, auf der Leute ihre Mitarbeit anbieten und kurz ihre Qualifikationen beschreiben. Abends fahre ich in ein kürzlich eröffnetes Zentrum mehr im Norden der Stadt. Es ist in einem renovierten, mehrstöckigen Backsteingebäude angesiedelt. In den oberen Stockwerken befindet sich ein ›Zen-Hotel‹, das inmitten der Stadt eine Atmosphäre kontemplativer Ruhe bietet sowie zusätzlich eine abgetrennte, kleine Eremitage anbietet. In der darunter liegenden Etage ist ein großer Meditationsraum, weiß gekachelte Wände, ein Holzfußboden, auf dem an den Seiten jeweils 20 schwarze Meditationsmatten und -kissen liegen. Bis auf eine sitzende Buddhafigur und eine Kerze ist der Raum sonst leer. Hierher kann man morgens und abends zur Zen-Meditation kommen, oft auch am Wochenende. Einmal in der Woche hält der hier lebende Zen-Lehrer einen Vortrag. Auf der Etage gibt es noch zwei Räume, in denen sich regelmäßig Gruppen treffen, bei denen die Leute ohne Anleitung zusammen meditieren, individuelle Strategien für eine achtsamere Lebensgestaltung entwickeln und sie dann im Alltag erproben. Solche Gruppen gibt es mittlerweile an vielen Orten in der Stadt, in spirituellen Zentren, Kirchen wie auch in Büroräumen sozialer Projekte; sogar im Raum der Stille des Arbeitsamtes in Neukölln werden inzwischen recht erfolgreich Gruppen dieser Art angeboten. Der ganze untere Teil des Gebäudes besteht im Wesentlichen aus einem großen Raum, auch er weiß gekalkt mit Holzfußboden. Hier finden Kunstausstellungen statt, Gesprächsrunden, Vorträge und Symposien, die immer ein Ziel haben: Verbindungen, Verknüpfungen herzustellen und auszuloten zwischen Spiritualität, Wissenschaft, Kunst, Politik und anderen Aspekten des modernen Lebens. Es geht darum, wie sich diese Bereiche inspirieren und an einer nachhaltigen Kultur der Achtsamkeit mitwirken können. Begonnen und beendet werden diese Foren stets mit einer gemeinsamen Meditation im ersten Stock.

Ich wache auf und denke: »... wie kitschig, aber auch wie schön ...«

Am Ende dieses Buches möchte ich Sie einladen, Ihre Vision einer ›achtsamen Stadt‹ zu entwickeln, in der Sie gerne leben möchten. Sie werden dabei sicher ganz andere Bilder entwerfen. Stellen Sie sich alles so konkret wie möglich vor: wie die Straßen aussehen, wie sich die Leute darin bewegen, wie Sie sich darin bewegen, welche Läden es gibt, welche sonstigen Angebote und was Ihnen sonst noch einfällt. Das Thema Stadt ist so komplex, dass es sinnvoll ist, sich auf einen Ausschnitt zu beschränken. Sie können natürlich auch über einen längeren Zeitraum hinweg an dem Bild Ihrer Stadt arbeiten und immer neue Aspekte ergänzen.

Und wenn Sie dann für sich zu einer Vision gekommen sind – dann überlegen Sie in einem nächsten Schritt doch mal, was Sie selbst ganz konkret tun können/wollen, damit diese Stadt lebendig wird.

Der von mir oben erzählte Traum enthält übrigens eine Sequenz, die ich tatsächlich geträumt habe, und sie gehört zu dem, was ich persönlich dazu beitragen möchte, damit eine solche Stadt lebendig wird.

DANKSAGUNG

Die Idee zu diesem Buch entstand bereits vor einigen Jahren bei einem Gespräch mit einer Freundin in einer Schrebergartenkolonie, verschwand dann aber wieder in der Schublade mit der Aufschrift: »Was ich eigentlich gern machen möchte, wofür ich aber vermutlich nie Zeit haben werde.« Im Laufe der Jahre immer mal wieder hervorgeholt und zeitweilig als Gemeinschaftsprojekt mit einer befreundeten Autorin angedacht, erhielt es den entscheidenden Schub auf dem Weg in die Welt des Gedruckten durch die enthusiastische Reaktion von Winfried Nonhoff, dem damaligen Verleger des Kösel-Verlages, nachdem ich ihm von dieser Idee erzählt hatte. Ihm möchte ich sehr herzlich für seine Ermutigung danken, mit dem Projekt wirklich ernst zu machen, und die Möglichkeit, es beim Kösel-Verlag zu realisieren. Es war der Beginn einer für mich sehr fruchtbaren Auseinandersetzung, die gleichzeitig immer auch Selbstversuch war, Dimensionen einer spirituellen Stadtpraxis auszuloten. Und ich gewann immer mehr das Gefühl, dass die Zeit für das Thema nun auch reif ist, in mir ebenso wie im Außen. Bestätigt fand ich diesen Eindruck durch zahlreiche Gespräche, die ich im Zusammenhang mit dem Buchprojekt geführt habe. Teilweise sind sie als Gesprächssequenzen in dieses Buch aufgenommen worden, teilweise sind sie in meine Darstellungsweisen eingeflossen. Allen namentlich aufgeführten oder anonym gebliebenen Gesprächspartnerinnen und -partnern möchte ich sehr herzlich dafür danken, dass sie ihre Gedanken mit mir geteilt, ihre Arbeit vorgestellt oder darüber berichtet haben, was sich für sie durch spirituelle Praxis in der Stadt verändert hat. Sehr dankbar bin ich auch allen, die kleine Übungen oder ihr persönliches *survival kit für die Stadt* beigesteuert haben.

Danken möchte ich meiner Freundin Sonja Heyer, die mir ihre kleine Wohnung im Norden Mecklenburg-Vorpommerns zur Verfügung gestellt hat, damit ich dort auf dem platten Land das Buch über die Stadt zu Ende schreiben konnte. Ihr sowie Oda Barnstedt und Christine Loewenstein bin ich sehr dankbar, dass sie das Manuskript im Prozess der Fertigstellung gelesen und mir wertvolle Hinweise zur Verbesserung gegeben haben. Es gab mir während der ganzen Zeit ein sicheres Gefühl zu wissen, dass Michaela Breit mein Buch betreuen und lektorieren würde. Für die gute Zusammenarbeit danke ich ihr sehr.

ANMERKUNGEN

1 Georges Rodenbach, *Das tote Brügge.* Aus dem Französischen von Dirk Hemjeoltmanns © Manholt Verlag, Bremen 2003, S. 76
2 Gerhard Matzig, »Wer reinkommt, ist drin«, in: *SZ Nr. 287/2010*
3 Ulrich Beck, *Der eigene Gott,* Frankfurt/M./Leipzig 2008, S. 116
4 A.a.O., S. 71
5 Shunryu, Suzuki, *Zen-Geist – Anfänger-Geist,* Berlin: Theseus 2002, S. 23
6 »Am Tanz des Lebens teilnehmen«, Interview mit der Lehrerin für Buddhismus und Tiefe Ökologie, Joanna Macy, in *Buddhismus Aktuell,* Heft 3/2009, S. 7
7 Siehe u.a. Thich Nhat Hanh, *Das Wunder der Achtsamkeit,* Berlin: Theseus 1997; ders., *Achtsam leben – wie geht das denn?* ebd. 2006; Maren Schneider, *Der Weg der Achtsamkeit: Bewusstheit und Meditation im täglichen Leben,* München: Droemer Knaur 2009; John Kabat-Zinn, *Gesund durch Meditation,* Frankfurt/M.: Fischer 2006; Linda Lehrhaupt/ Petra Meibert, *Stress bewältigen mit Achtsamkeit. Zur inneren Ruhe kommen durch MBSR,* München: Kösel 2010
8 Yongey Mingyur Rinpoche, *Buddha und die Wissenschaft vom Glück.* Aus dem Englischen von Susanne Kahn-Ackermann © Arkana TB Verlag, München, in der Verlagsgruppe Random House GmbH 2010, S. 224f.
9 Diese Anleitung folgt der von Wilfried Reuter, in: *Weck den Buddha in dir. Wege zu innerer Stärke,* Berlin: edition steinrich 2010
10 Thich Nhat Hanh, *Gegenwärtiger Moment, Wundervoller Moment*, Stuttgart: Theseus 2008. Von Thich Nhat Hanh gibt es hier viele inspirierende Verse für fast jede Alltagssituation.
11 Richard David Precht, *Die Kunst, kein Egoist zu sein. Warum wir gerne gut sein wollen und was uns davon abhält,* München: Goldmann 2010, S. 220; Stefan Klein, *Der Sinn des Gebens. Warum Selbstlosigkeit in der Evolution siegt und wir mit Egoismus nicht weiterkommen,* Frankfurt/M.: Fischer 2010, S. 96
12 Klein, S. 97
13 Ders., S. 96
14 Precht, S. 220
15 Eine ausführlichere Darstellung der Sinne und ihrer besonderen Qualitäten siehe Ursula Richard, *Drei Pfeiler des Glücks,* München: Knaur 2010; John Kabat-Zinn, *Zur Besinnung kommen,* Freiamt: Arbor 2008
16 Axel Rühle, »Big Bang für Trottoirs und Mauern © *SZ* vom 15.01.2011

17 Aus der Begleitbroschüre *Sounding D, Netzwerk Neue Musik,* Berlin 2010

18 Geert Mak, *In Europa.* Aus dem Niederländischen von Gregor Seferens, Andreas Ecke © Wolf Jobst Siedler Verlag, München, in der Verlagsgruppe Random House GmbH 2005, S. 41

19 Axel Rühle, »Big Bang auf Trottoirs und Mauern. Die urbane Kunst der Street Art fordert heraus, den eigenen Blick auf die Stadt zu ändern«, in: *SZ Nr. 11/2011,* S. 13

20 Siehe: www.playingthecity.org

21 Siehe: www.spaziergangswissenschaft.de; www.atelier.de

22 www.spaziergangswissenschaft.de, Posted: Juli 23rd, 2009, Spaziergang mit der HafenCity Universität Hamburg

23 Franz Hessel, *Der Flaneur von Berlin,* Berlin: Das Arsenal 19

24 Siehe auch: Thich Nhat Hanh, *Der Geruch von frisch geschnittenem Gras. Anleitung zur Gehmeditation,* Berlin: Theseus 2002

25 Sie werden im Buddhismus *brahmavihara* genannt, unermessliche Geisteszustände oder göttliche Verweilungsorte.

26 Diese Tugenden gehören im Buddhismus zu den *paramita,* den sogenannten Vollkommenheiten.

27 Über Citykirchenarbeit und vielfache Verwandlungen, ein Gespräch mit Uwe Vetter in: *Sehnsuchtsorte,* S. 39

28 Ebenda, S. 40

29 Ebenda, S. 42

30 Ebenda, S. 41

31 www.youtube.com/watch?v=SXh7JR9oKVE

32 Stefan Züchner, »Der Altarraum des Unbekannten Gottes«, in: *Sehnsuchtsorte,* S. 57 © Rechte beim Autor

33 Ursula Richard, in: Christa Müller (Hg.), *Urban Gardening. Über die Rückkehr der Gärten in die Stadt,* München: oekom Verlag 2011, S. 225

34 Thich Nhat Hanh, *Alles, was du tun kannst für dein Glück,* © Verlag Herder GmbH, Freiburg i.Br. 2010, S. 66f.

35 Siehe Akong Rinpoche, *Den Tiger zähmen,* Berlin: edition steinrich, 2010; Ulrich Küstner, *Tara Rokpa – Weg zu Freiheit und Mitgefühl,* Berlin: edition steinrich, 2010

36 Christof Siemes, »Zum Beispiel Wuppertal«, in: *DIE ZEIT Nr. 14,* 31.3.2010

37 Jack Kornfield, *Nach der Erleuchtung Wäsche waschen und Kartoffeln schälen.* Aus dem Amerikanischen von Ilse Fath-Engelhardt © Arkana TB Verlag, München in der Verlagsgruppe Random House GmbH 2010 S. 293

38 Marie Mannschatz, *Lieben und Loslassen – Durch Meditation das Herz öffnen,* Bielefeld: Theseus, 2009, S. 36

39 Ebenda., S. 136f.
40 Texttafeln in der Ausstellung: *»Transition«: Edge of Arabia,* Istanbul 2010
41 Petra Maria Tollkötter, Christian Herwartz, Renate Trobitzsch (Hg.), *Geschwister erleben*, Berlin 2010, S. 58
42 Über Citykirchenarbeit und vielfache Verwandlungen, ein Gespräch mit Uwe Vetter, in: *Sehnsuchtsorte,* S. 39
43 Marion Küstenmacher, Tilmann Haberer, Werner Tiki Küstenmacher, *Gott 9.0, Wohin unsere Gesellschaft spirituell wachsen soll,* Gütersloh: Gütersloher Verlagshaus 2010, S. 134
44 Dies., S. 123
45 Zum Konzept der religiösen Mehrsprachigkeit siehe Ursula Baatz, *Erleuchtung trifft Auferstehung. Zen-Buddhismus und Christentum, eine Orientierung,* Bielefeld: Theseus 2009
46 David Schneider, *Street Zen, Leben und Wirken des Issan Dorsey*, Berlin: edition steinrich 2010

BILDNACHWEIS

S. 11, 16/17, 41, 53, 57, 60, 65, 89, 94/95: Astrid Mattwei, www.mattwei.de
S. 39 Ralf Spitzer, aka.ShamezABC, www.Shamezabc.com
S. 56, 77 Christa Müller
S. 68: Irmgard Nauck, Hamburg, www.kirche-der-stille.de
S. 71: Rainer Oberthür, Aachen
S. 83: Cornelia Suhan, Dortmund
S. 104: Lotos Vihara
S. 106: C. Herwartz, privat
S. 121: A. Hennenhofer, S. Hachtmann, privat
S. 131/137, S. Kolk, privat
S. 144: Coverdetail des Buches von David Schneider, *Street Zen. Leben- und Wirken des Issan Dorsey*

WEITERFÜHRENDE LITERATUR

Ursula Baatz, Erleuchtung trifft Auferstehung. Zen-Buddhismus und Christentum, eine Orientierung, Stuttgart: Theseus Verlag 2009

Martine Batchelor, Innere Grenzen sprengen. Verhaltensmuster verändern und Gewohnheiten loslassen, München: Droemer Knaur 2008

»Bausteine für eine neue Stadt«, Themenheft Zeitschrift brandeins Heft 10/2009

Bernard Glassman, Anweisungen für den Koch, Berlin: edition steinrich 2010

Gründämmerung, neue Urbane Gärten im Porträt (DVD), prod./hg. von Stiftungsgemeinschaft anstiftung & ertomis, München 2010 (www.anstiftung-ertomis.de)

Thich Nhat Hanh, Das Wunder der Achtsamkeit, Berlin: Theseus Verlag 1997

Ders., Achtsam leben – wie geht das denn? Berlin: Theseus Verlag 2005

Ders., Harmonie für Körper und Geist, München: Kösel-Verlag 2009

Christian Herwartz, Renate Trobitzsch (Hg.), Geschwister erleben, Berlin 2010

Christian Herwartz, Auf nackten Sohlen, Exerzitien auf der Straße, Würzburg: Echter Verlag 2007

Hans Joas, Braucht der Mensch Religion? Über Erfahrungen der Selbsttranszendenz, Freiburg i.Br.: Herder 2004

John Kabat-Zinn, Gesund durch Meditation, Frankfurt/M.: Fischer Verlag 2006

Ders., Zur Besinnung kommen. Die Weisheit der Sinne und der Sinn der Achtsamkeit in einer aus den Fugen geratenen Welt, Freiamt: Arbor Verlag 2008

Stefan Klein, Der Sinn des Gebens. Warum Selbstlosigkeit in der Evolution siegt und wir mit Egoismus nicht weiterkommen, Frankfurt/M.: Fischer Verlag 2010

Sylvia Kolk, Segeln im Sturm, Stuttgart: Theseus Verlag 2009

Marion Küstenmacher, Tilmann Haberer, Werner Tiki Küstenmacher, Gott 9.0. Wohin unsere Gesellschaft spirituell wachsen soll, Gütersloh: Gütersloher Verlagshaus 2010

Linda Lehrhaupt/Petra Meibert, Stress bewältigen mit Achtsamkeit. Zur inneren Ruhe kommen durch MBSR, München: Kösel-Verlag ^{3}2010

Martina Löw, Soziologie der Städte, Frankfurt/M.: Suhrkamp 2008

Marie Mannschatz, Lieben und Loslassen. Durch Meditation das Herz öffnen, Bielefeld: Theseus Verlag 2002

Yongey Mingyur Rinpoche, Buddha und die Wissenschaft vom Glück, München: Goldmann Arkana 2007
Alexander Mitscherlich, Die Unwirtlichkeit unserer Städte, Frankfurt/M.: edition suhrkamp 1965
Richard David Precht, Die Kunst, kein Egoist zu sein. Warum wir gerne gut sein wollen und was uns davon abhält, München: Goldmann Verlag 2010
Christa Müller (Hg.), Urban Gardening. Über die Rückkehr der Gärten in die Stadt, München: oekom Verlag 2011
Ethan Nichtern, Buddhismus 3.0., Spirituelle Vernetzung und globales Bewusstsein – Das Interdependence Projekt, Oberstdorf: Windpferd 2008
Wilfried Reuter, Weck den Buddha in dir. Wege zu innerer Stärke, Berlin: edition steinrich 2010
Ursula Richard, Drei Pfeiler des Glücks. Achtsamkeit, Freude, Dankbarkeit, München: Knaur Verlag 2010
David Schneider, Street Zen, Leben und Wirken des Issan Dorsey, Berlin: edition steinrich 2010
Maren Schneider, Der Weg der Achtsamkeit: Bewusstheit und Meditation im täglichen Leben, München: Droemer Knaur 2009
Bernardin Schellenberger, Spirituelle Wendezeit. Grundlinien einer neuen Lebenskultur, Freiburg i.Br.: Herder 1997
Gert Scobel, Der Ausweg aus dem Fliegenglas. Wie wir Glauben und Vernunft in Einklang bringen können, Frankfurt/M.: Fischer Verlag 2010
SEHNSUCHTSORTE, medienverband der Evangelischen Kirche im Rheinland gGmbH, Düsseldorf 2010
Harald Walach, Spiritualität, Warum wir die Aufklärung weiterführen müssen, Klein Jasedow: Drachen Verlag 2011
Ken Wilber, Integrale Spiritualität, München: Kösel-Verlag 2009